张文隆 著

当责【修订版】
Accountability

清华大学出版社
北　京

本书封面贴有清华大学出版社防伪标签，无标签者不得销售。

版权所有，侵权必究。举报：010-62782989，beiqinquan@tup.tsinghua.edu.cn。

图书在版编目(CIP)数据

当责/张文隆 著. —修订版. —北京：清华大学出版社，2012.1（2023.8重印）
ISBN 978-7-302-27797-2

Ⅰ. 当… Ⅱ. 张… Ⅲ. 企业管理—组织管理学 Ⅳ. F272.9

中国版本图书馆 CIP 数据核字(2011)第 281643 号

责任编辑：陈　莉　高　屾
封面设计：周周设计局
版式设计：康　博
责任校对：成凤进
责任印制：宋　林

出版发行：清华大学出版社
　　　网　　址：http://www.tup.com.cn，http://www.wqbook.com
　　　地　　址：北京清华大学学研大厦 A 座　　邮　　编：100084
　　　社 总 机：010-83470000　　邮　　购：010-62786544
　　　投稿与读者服务：010-62776969，c-service@tup.tsinghua.edu.cn
　　　质 量 反 馈：010-62772015，zhiliang@tup.tsinghua.edu.cn
印 装 者：三河市东方印刷有限公司
经　　销：全国新华书店
开　　本：169mm×230mm　　印　　张：19　　字　　数：241 千字
版　　次：2012 年 1 月第 2 版　　印　　次：2023 年 8 月第 20 次印刷
定　　价：68.00 元

产品编号：045340-03

献给

能"当责不让",要"交出成果"的现在与未来领导人

"当责"为英文"accountability"之中译。

"当责"的"当"泛涵:当然、当权、当家,担当、恰当、稳当,当机立断、为所当为、一夫当关、一马当先,乃至"当责不让"。

"当责不让"取材自孔子名言之"当仁不让"。

原文是:"当仁,不让于师",意思是:"事师以礼,必请命而后行;独当仁,则宜急行。"

白话大意是:服侍老师要讲究礼节,凡事总要请命后才能去做;但,如遇见有仁有义的事,连老师都不必让了。

现代管理中,各阶层领导人厘清角色与责任后,一肩担起当责,不拒、不惧、不让,勇往直前,务其达成任务,交出成果(get results);是之谓"当责不让"。

"当责"是现在与未来各阶层领导人经营自己、领导团队与组织,乃至加值社会的一个关键性观念、架构及有力工具;当责要帮助你"交出成果!"

专家推荐

英文中的"accountability"一词,在这本书中,作者意译为"当责"。它是一项逐渐发光发热的管理概念与工具,意味着——当责之下,舍我其谁!

当今的管理工具多如繁花,许多是由外在理性科学的角度出发,制定出应遵守的规范。新世纪,管理回归重视人的价值,我们所谈的"当责",就是一种由心灵出发、智性之光所产生的信念。在运用的方法上,"当责"的概念一经开展,可以立即显现一个清楚的坐标,每一个角色都能找到定位,不会迷失方向,所以在管理上产生实际的效益。若能服膺"当责"理论,应用在个人发展,或经营团队,到公司治理,甚至加值社会,都可以产生很大、很远的正面贡献。

过去,"当责"(accountability)与"负责"(responsibility)的意义常是交叠不明的。尤其在华人社会,两者就像孪生子般,难以辨析其面貌;或者说,没有集中心力梳理其构成的基因。事实上,"当责"不是在这本书里才被"创造"出来的,它一直都是工作,甚至是做人的核心精神;但是作者观察到了这个新词,赋予新生意义,并为两者慎重"正名",非常符合现今社会与企业价值观的需要。

"当责"思潮已在全球波澜壮阔地推进着,20世纪90年代以来,经常看到许多国际管理期刊和企业报导为文论述"承诺"、"行动"、"当责"议题,

并强调"成果"。2000年后，如杜邦、通用电气(GE)、安捷伦(Agilent)、3M、微软等跨国企业与专业组织如美国项目管理协会(PMI)、英国信息技术基础设施库(ITIL)等及许多中小企业，"当责"观念都被重视、推广与应用，在各处落地生根。此外，美国参众两议院亦通过"政府绩效与成果"(GPRA)法案，明定联邦政府得使用"当责"手法来执行项目，以提高项目成果与政府威信。在这个关键的年代，中国台湾的社会与企业，实在迫切需要这种重要的观念、信仰与行动。

本书观点犀利，写作认真，收集丰富的当责资料与经验，能广知识，循例以进必能"交出成果"！作者博通东西，文中可见颇多的中英对照，这是作者期能带出真义，宁愿打破编辑体例与读者阅读习惯，还是要提供给读者最真实的原意。这大胆的尝试，足见作者有苦心、不拘泥！数年前，中国生产力中心出版《还在找代罪羔羊？》一书，曾经谈论过授权与责任的真义，极获好评。此书更是就责任的观点进阶谈论，扶梯而上，究竟会看到何种宏观的视野？建议读者可以自行登高望远，见树又见林。

观念就是力量。"当责"的观念及技术的确可以帮助工商业提升生产力。这是一本世界级的著作，推介好观念责无旁贷——希望它的价值能在华人世界彰显！

许胜雄

中国生产力中心董事长、金宝电子工业股份有限公司董事长、仁宝计算机工业股份有限公司董事长

文隆兄曾任职于中国台湾杜邦公司，与本人共事多年，在公司内历任生产制造、管理改善、业务行销等重要主管工作。对于企业管理与实务经验丰富，卓见超群。杜邦为一全球性公司，所属事业横跨各产业领域，十多年前开始了

锐西(RACI)的应用，以强化跨部门、跨组织、跨事业单位的团队合作效能。至今，锐西仍是杜邦在项目计划与组织运作中厘清角色与责任、强化团队运作的有效管理工具，文隆兄参与其中卓有贡献。尔后文隆兄本于个人兴趣与专长，进而从事管理顾问工作，潜心研究组织与管理理论，并融入其数十年企业经验，将心血与智能的结晶集结成书，以进一步贡献给广大的知识工作者，对提升个人与组织的竞争能力将有很大的助益。本人很高兴看到文隆兄能将其在工作上的经验及历练继续深耕发扬，并分享予广大读者。

蔡宪宗

杜邦公司全球人力资源部亚太区总裁

安捷伦科技在 2000 年自惠普独立上市后，除保留"惠普风范"的传统，特别选择当责（"accountability"）作为新公司最重要的企业文化。作为安捷伦科技台湾区董事长，如何将"当责"成功地植入组织的文化及每位员工的行为准则，一直是我最重要的工作之一。张文隆先生潜心研究"当责"十余年，是我所知道目前在台湾对"当责"花最多心血、最有研究、最多涉猎的专家。我有幸能经常和他讨论，交换心得，因此获益良多。他准备这本书已花了五、六年的时间，现在大功告成，恭喜他。也相信对企业主管们，强化执行力，造就高绩效、高竞争力的组织，将会有很大的贡献。

詹文寅

前安华高(AVAGO)科技公司副总裁，暨亚太区总经理

这是一本高层主管或经理人甚至基层人员必看的一本好书，"当责"是一个 21 世纪从事知识或科技工作者必备之理念。若你是经营者，你的改变会创造一个更有竞争力的公司；若你是一位部门主管，你的改变会使部门更有效率，其他部门也更愿意与你共同效力；若你是一位基层人员，你的改变不只是工作表现不一样，你是可以被信任的，而且有担当的，你是下次升迁的最佳人选。看完这本书，像看完了许多近代管理学名著及成功经营者经历。这是一本相当经典之管理实务著作。

杨敏聪 博士

升阳半导体公司董事长

正如一位顶端的运动家，不仅准确、动作，也优美；建立成功的企业更需要优美的方法。本书及其所介绍经营概念，用正面并具体的方法来激发人性，更能使企业达到长久的成功。更重要的是，这种当责的概念与方法，若能向上延伸至社会中，成为人人处理事务的态度与文化，将会成为社会国家之福。特别在这崇尚个人自由的时代，若没有从个人自内心的改变，外加的枷锁，最多只能达到一时的目标。因此，本书不仅是职场人要看的书，也是对人人有益的书。

翁志道 博士

美国 CAPFOS 公司总经理

刚开始，当责（"accountability"）这个字，在很多国际管理期刊和企业报导上零星出现。渐渐地，跃为章节名称；最后，终于出现在书的标题上、各公司要建立的文化上、顾问的推动计划里，汇聚成一股洪流，向企业界直奔而来。的确，在全球化、复杂性逐渐提高的今天，很多主管都对公司里没有成果、进度迟缓、互相指责的企业文化，挫折不已。提高个人和团队的"当责"，可说是扭转这个问题的关键。张文隆先生是中国台湾最早注意到"当责"重要性的人士之一，在本书里，他深入浅出介绍当责的概念和应用，并以多年担任高层主管和顾问的经验，长期深入的研究，加上幽默的文笔，让本书的可读性和启发性大为提高。我期待这本书中的概念能够大量在企业，甚至在社会推广，让人人负起当责，让借口、推诿无所遁形。

方素惠

《EMBA 杂志》总编辑

张文隆先生以自身的经营管理经验为基础，再吸取百家的精华，提出当责（"accountability"）的完整理论及实践模板，的确令我赞赏与推荐。本书让我最为震撼的，是引述美国硅谷顾问蓝西欧尼所言："没有当责，何谈成果"（Without accountability, results are a matter of luck）。一语道出本书的用心及其价值所在。"当责"建立起一个组织的效能、执行力、目标达标率，更带动起组织内的责任心、荣誉感、向心力、团队合作及相关的文化。我从丰田之道中，就可印证到这些。反之，在一个组织里，"当责"不足时，你就常看到或感受到许多的消极及焦躁：漠视、否定、交相指责等，所谓的受害者并发症。这样的组织，产品品质问题层出不穷、士气涣散、人才反淘汰，变成经营管理的梦魇。

我相信读者读完本书后,一定与我同样感到"当责"的重要与价值。

林渝寰 博士

宏达科技公司执行长

"找对的人,做对的事。"在张文隆先生的《当责》中得到了重生与发扬光大。公司之所以跛足难行,而无法提高大家所念兹在兹的执行力,其中最大的可能原因是各级大小主管、官员在负责任的同时,于公于私都打着"公婆皆有理"的小算盘。可惜的是,这些小算盘集合在一起导致的是各自为政,表面上大家都认真负责,结果却办砸了事。怎么办?张文隆先生的《当责》从口号落实到原理、原则及施行细则,这真是一本提高公司执行力的教战守则。

江瑞鹏

美国 Finmax 咨询公司首席咨询师

京元电子为全球最大的测试制造服务公司,员工每天处理数百个客户、数千种产品,必须精确地完成所有产品的测试,并准时送达客户。需要每位员工及各个部门间紧密的配合,必须塑造完全负责任的企业文化。当责("accountability")即当责不让、放弃借口,负起全责无理由,为达成任务的关键观念。本公司很荣幸于本书未出版前,即邀请张文隆先生为京元电子全体主管上了一天这门精彩课程,并获得了极大的回响。当责不仅是一个管理工具,也是我们为人处事负责任的正确态度,也已经成为京元经营管理的重要工具——立即拒绝借口,去执行你的任务，并交出成果吧。

梁明成

京元电子股份有限公司总经理

最近这几年，在企业界常听到当责（"accountability"）这一词，大家也隐约了解其重要性；但，对这一词更深远的意涵与如何实践，并无人去做深入的探讨与琢磨。当张文隆先生向我提及他要出一本有关"当责"（"accountability"）的书时，我立即感觉到这是一项企管界的重大工程。为了想抢先了解这本书的堂奥，就请张先生到远东企业研发中心与主管们做了一个研讨会，张先生以幽默轻松的方式厘清了复杂混淆的"当责"观念与执行，分享给我的同仁，并获得同仁极度的好评。事实上"当责"的应用不仅在企业界，各行各业都用得上；最好从小就要培养，就像本书第二篇第4章所提"当责"的最基础是从个人开始，再做一个当责的家庭成员、企业成员。这也和我们儒家的传统思想"修身、齐家、治国、平天下"不谋而合了。

吴汝瑜 博士

远东企业研发中心执行长，远东纺织公司副总经理

文隆兄在本书撰写期间，曾受本人之邀，就本书部分内容对保德信人寿的企业流程办公室同仁讲授，获得极大回响；课程整体满意度（回答"极佳"或"良好"者）高达100%。当被问及课程对工作及个人的助益程度时，学员回答合计满意度皆达100%。学员对于"讲师对授课主题之专业度"，亦表达100%

满意。学员表示,课程"能对工作上所需观念具体说明,厘清模糊处,增加团队精神及默契,对未来工作可能面临的问题提供解决的能力,受益良多。"也有人说,"ARCI 的受益最多,确认各种角色适当的扮演,在组织中的重要性。"很高兴看到课程上的教材编撰成书,让更多人和组织分享当责这个重要且实用的观念。

林宏义

保德信人寿资深副总经理

序 一

责任是管理学界强调最多的术语之一。诸多与责任相关的概念，如职权、义务、负责、执行、担当、绩效、结果等，也都是一个优秀的管理者或经理人必须时刻考虑和权衡的内容。传统意义上的责任更多强调的是个体和职责之间的关系，而近年来在管理学界悄然兴起的"当责"一词，则从一个更高的层面和更加科学、更加系统化的视角出发，为责任及与责任相关的诸多范畴勾勒出了一个更为清晰的指导性框架。

张文隆先生的《当责》一书，为我们展示了有关"当责"这一最新管理理念的"全息视角"。在这本书中，我们既可以了解与当责相关的各种原理或原则，也可以从自主感、责任感、成就感等不同侧重点出发，更为深入地理解"当责"在具体管理实践中的效能和应用。同时，书中丰富的个案分析以及深入浅出的理念和方法阐释都为我们更好地把握"当责式管理"提供了上佳的方法。相信很多人在读完本书后都会有眼前一亮的感觉：原来，有关责任的话题竟可以如此地引人入胜；原来，融合了"当责"理念的管理模式是如此地贴近日常管理的实际需要。

李开复 博士

创新工场董事长兼首席执行官

序 二

"当责"提出了信息经济时代应有的责任观。

管理最常出现的问题就是"人人该负责,却没人会负责",一个工作失败了,找出一堆相关者,却找不出该负责的人,不禁让人想问,"这里有人负责吗?"这情况最常出现在政府机构与国营事业中,我们总是在一阵不满后,骂一声"官僚",却又无可奈何,因为谁也不知道错在哪里。

或许你会说那些是吃大锅饭的机构,做好,没多少奖赏,做坏,也有铁饭碗的保障,所以会出现这样的管理问题。在一些管理上轨道的民营企业、外资企业中有很好的激励与考核措施,而且员工没有铁饭碗的保障,但这问题就解决了吗?想想我们身边是不是仍然常看到下面的问题——我们总是在"团队精神"的口号下让一群人负担成败,但结果却是谁都没有责任;我们也会让追究责任流于形式,最后都是权力大的找个权力小的当代罪羔羊;我们更会在"容许犯错、鼓励尝试"或"维持和谐,别伤情面"的借口下,让负责之人轻骑过关。这些现象都是因为企业少了相应的文化建设与制度安排。

《当责》一书为这个问题提出了很好的解答,而且在信息经济时代里,"当责"的概念比"负责"的概念更加切合时代的需要。本书比较了当责与负责的不同,并指出,负责是好好执行了组织交待的任务,而当责是不管做事的过程,却有责任交出成果。负责是把事情做对,而当责是做对的事情。换言之,当责

鼓励了工作者勇于作出决策,而且主动积极地体会组织愿景,交出相应的成果,员工不再是听命于组织的"螺丝钉",而是像内部创业制度中的"小老板",独立地负起一些组织使命的所有责任,这正是知名管理学者迈尔斯认为的适用于信息经济时代的管理哲学"人力投资理论"(Human Investment Theory)。另外,负责是相对于角色的,要负担起角色内的责任,而当责却是全面的,一件任务或一个计划的所有相关的人与事,都是当责者的责任。所以负责的承诺是针对个人订立的,而当责的承诺则是要对别人负责。这是为什么本书作者张文隆指出当责的基本面向是关系导向的,是成果导向的,包含了一种义务与回报的意涵。

当责的文化与制度之下,所要的工作者不是作为组织螺丝钉的人员,而是出将入相、开疆拓土的人才或人物。当责不再是个人导向的责任观,而是关系导向的责任观,不止要负起个人角色的任务,更要负起对团体成员、对交待任务的领导所许下的承诺。这正是一个信息时代管理者应有的责任观,因为知识性产业、服务性产业中,太多的任务不再是组织的工作流程及规划计划所能完成的,而是有赖于当责者的果断决策、临机应变与团队带领才能完成的。本书提出了相当多相应的制度规划与文化建设,比如ARCI的制度及其责任规划,更有很多应用范例,还有当责文化建立时企业愿景的角色等。

本人长期从事中国本土管理的研究,深感中国人的管理重视的是"将将之道",而非"将兵之道",也就是要以恩、以德、以分享的方式收服人才与人物,而不是以流程、以规章、以制度控制组织内的人员。我们是一个"人情社会",所以管理者更重要的工作是在处理关系,所以关系导向、成果导向的当责概念比负责概念更适用于中国人。本书提供的很多实务上的规划,正是中国管理者可以借鉴的做法。

罗家德

北京清华大学社会学系教授、博导
台湾清华大学科技管理学院兼任教授

学 员 回 想

1. 当责真有"分量",原本担心会很"教条",但顾问讲解很清楚,直接打进心里。

2. 感谢公司提供这么好的管理课程,希望当责能够逐渐发酵,进而形成企业文化,提升本公司的竞争力。

3. 讲师的上课风格很有激励作用,听觉感官震撼,太棒了!

4. 建议工程师职位以上必修,如主管级有缺课,要求务必补课,亲身感受老师的实力。

5. 以前,只学习了概念;现在,学习了骨血精华。

6. 一句话形容今天课后感觉:自己的"火"不能灭,还要点燃别人的"火"!

7. 这是本人上过公司安排的课程中受益最深的一堂课,不仅有理论的讲解,还有实务的对照。

8. 全新概念!多年职场经验及管理心得使人豁然开朗,透过 ARCI 的操作,应可解决内部错综复杂的管理。

9. 热力四射,知识渊博,引人入胜;内容生动有帮助,富有感染力。

10. 对工作的热情其实一直存在的,只是之前被人吼回去,现在又被老师吼回来。

11. 老师语气抑扬顿挫，让课程显得更活泼有趣；很享受老师这种特殊的教学方式。

12. 当责万岁！

13. 十六字箴言的运用以及兔宝宝的方法，是我今后工作中遇到问题时的法宝。

14. 开始检视自己的工作态度，从现在起做出改善，做一个当责的人。

15. 要把当责的观念在领班第一线基层干部中进行倡导，逐步转向员工扩散。

16. 张老师对于当责有相当完整的说明，旁征博引十分精彩。

17. 讲师很能抓住学员的注意力，讲到实务面的部分很贴近实际，且进修会的讨论是有帮助的。

18. 做好个人当责，潜移默化地改善部门的工作氛围。

19. 呼应前面一位同仁说的感想：醍醐灌顶，我的感想是：振聋发聩。

20. 能帮助我扩大影响力，统一价值观，建立当责的团队。

21. 把团队中习惯的"等待"，改进为当责式的"有所作为"。

22. 没有遇过这么"吵"的老师，永生难忘，收获很多。

23. 主管以身作则，把当责的观念与执行带到单位中，让当责形成公司的文化，把当责的观念植入每位同仁的行为中。

24. 震撼！很久没有遇到这么棒的讲师和课程了。

25. 当责需要一股勇气与体认，要大声表达出"我就是 A"外，还要维持这股热情不断；尤其身为中间干部的经理特别需要这样的态度。

26. 热情提升到最高峰，使命感的压力就来了；要推动基层人员是有难度、有挑战的。

27. 希望能规划为全公司同仁必修课程，使大家都能认知到公司的政策转变。

28. 今天授课当责(accountability)主题的张文隆讲师，很棒！

29. 勇于负责、善于负责、乐于负责；希望每天都要当责，不管工作或家庭；此课程增加了我们的正面能量。

30. 有如沐春风的感觉；当责精神真的令我触动很大，期许自己能身体力行。

31. 最容易吸收的课程，非常精彩，连晚上睡觉都在思考。

32. 跟工程师或组长讨论问题时，会想到 ARCI 法则，期待能将白色地带减到最低。

33. 本次训练正好解决了我最近一直感到困惑的问题，讲师给了不错的答案。

34. 原来对工作负责还是不够的，当责是有责任在成果上达成目标；此亦为目前公司所欠缺之精神。

35. 老师非常专业，非常热情；超严肃的主题，却笑声不断。

36. 以前觉得只要认真做，就是负责的表现；上完课才知道，如果做到死，但是没有做出成果，等于没做。

37. 重新让我们燃烧热情，老师就是放火的那个人。

38. "尽心尽力"是不够的，是要"交出成果"；公司每个人都需要改变思维，拥有当责想法，让公司往前迈进。

39. 当责真的是一套相当棒的文化，会持续将此套做法落实于组织中。

40. 讲师以深入浅出的方式，带入令人深思的讲解说明；相信大幅推广后，公司会有一番新景象。

41. 精彩的演讲过程，所获得的震撼比阅读不知放大了多少倍；建议主管必修，亦可重复听讲，相信可激荡更多、更好的想法、做法。

42. 讲师表达技巧好，深入浅出、逻辑清晰，对工作帮助极大。

43. 培养部属一同成长，建立当责观念，交出成果。主动协助、参与跨部门沟通合作，促使公司利益发挥最大。

44. 讲师经验丰富，信手拈来都是精髓；精辟的例子让大家对 ARCI 的观念印象深刻。

再版自序

这是再版,是初版出版四年半18次印刷后的再版。

在主题与内容上没有什么更动,但很自觉汗颜地又更正了许许多多的笔误与排误。值得一述的是,我在每一章之后都加了一节:"回顾与前瞻",主要是针对这四年多约四百场与当责有关的演讲及各类研讨会与顾问活动的结果,做个回顾与分享,并分析趋势。

这个分享又进一步化成了再版书中的一个新的章节,亦即"学员回想",录于初版:"专家推荐"之后,共有45条,是从那约四百场感言中抽样而出的,重新回顾,往事历历。

这些学员最初主要来自高科技公司,然后扩充到一般制造业,又扩充到金融保险服务业及一般服务业,又扩充到大型医院与政府机构。这些公司或机构的规模从数千亿营业额到数百亿乃至数亿的都有,学员大多是从最高主管开始,依阶层而下至基层主管或员工,甚至还推到一家半导体公司的所有菲籍技术员。就国籍言,还又涵盖了美、日、中、新加坡等国的企业。谢谢他们的热情参与,他们的回响也让本书的再版更有意义,让本书的内容更具实用价值,也让人体认到当责时代的真正来临。

2010年5月的大学毕业旺季里,美国摩根大通银行的CEO杰米·迪蒙(Jamie Dimon)在雪城大学的毕业典礼上即以"如何做到当责"(What It Takes to

Be Accountable）为题发表演说。他认为，必须要有五项特质，即：勇气，知识，忠于自己，知道如何处理失败、谦虚和人性关怀；此外，也需要有坚强的性格，才能在人生的各个层面为自己负起当责。

无独有偶，同年同月里，花旗集团执行长潘迪特（Vikram Pandit）也在约翰·霍普金斯大学毕业典礼上演讲："负责任的领导"（Responsible Leadership），潘迪特强调领导人应该采取行动，将强烈的责任感深深植入他们的组织之中。

台湾政大企管名师司徒达贤教授在教了三十几年的工商管理硕士（MBA）后有感而发，认为在让事业成功的各种人格特质中，"责任感，最重要"。他说，"如果缺乏责任感，就算其他特质一应俱全，也是枉然。"司徒教授强调，他的长期经验显示，MBA 必须同时拥有高度的责任感，最后才能出人头地。

本书精准分析"责任感"，让"比负责更负责"的"当责"条理分明，昭然若揭，而且应用有道。本书原本是较偏重高中阶主管的应用，几百场研讨会后，发现其也普受基层主管与一般员工的欢迎，甚至也扩充到了青年学子。

在过去几年里，我也在约十所台湾的大学里讲演当责，最先以为只有高级管理人员工商管理硕士（EMBA）才能消化吸收，后来到 MBA，又到一般大学部，最后还到大一学生，也感受到青年学生的热情与对人生的及早体验。

让当责继续不断往前行，依照它自己的行程持续不断地走入各处人生。

张文隆
2011 年 7 月记于中国台湾新北市

作者序

一个攸关事业与人生成功的权力与责任探索之旅。

第二次世界大战后期,战争正吃紧。美国人所敬重与信任的罗斯福总统突然去世,副总统杜鲁门被急召入白宫,罗斯福夫人告诉他总统已去世。据报道,杜鲁门当场震住,片刻后问道:"夫人,我可以帮你什么忙吗?"罗斯福夫人反问:"我们可以帮你什么忙吗?因为,你现在才是有大麻烦的人。"隔天,杜鲁门宣誓入主白宫,后对记者们直言:"我觉得月亮、星星及所有的星球,都落下压在我身上了。如果你们曾经祷告过,现在就为我祷告吧!"

大责加身,当时不只杜鲁门担心害怕,更担心害怕的是美国人——他们担心害怕这个经常不得人缘的新任美国总统能否在此二战末期重大关头,荣膺重任。

我对杜鲁门总统的生平事迹有较多涉猎,也曾亲访他在美国密苏里州独立市家乡的总统纪念馆,犹记他椭圆形办公室桌上摆着座右铭正是"责任推拖,到此为止",英文是"The buck stops here"。"buck"在美国原来是一种打牌时放在牌桌上推来推去以推定下次发牌人的小东西,所以"passing the buck"被喻为推卸责任。杜鲁门总统提出"The buck stops here"就是说凡事到此定案,不会再推拖了。他说起来掷地有声,做出来也轰轰烈烈;于是,不久两颗原子弹在争议不断中定案掉落日本,二战也在不久后结束。决断力继续延续至他第

二任期,例如他毅然决然免职了在朝鲜战场上声望如日中天却不断批评他的麦克阿瑟元帅。

杜鲁门总统是在惶恐中接下重责大任,在理清头绪也踌躇满志之余,又有一句脍炙人口的名语:"厨房里,主厨做菜,煎炒煮炸,刀光火影,火热无比,如果你不能忍受火热,就请你退出厨房,一旁凉快去。"英文是,"If you can not stand the heat, stay out of the kitchen"。不要推拖拉扯,又抱怨连连,而是扛起责任,义无反顾勇往直前。这句话与前面的"The buck stops here"前后辉映,也成了领导人负起"当责"(accountability)的最佳注脚与最佳写照。

对企业人来说,杜鲁门总统也是典范。他除了直言无讳、一针见血外,在战前战后百事待举的内政与外交上,他都能抓住重点分别优先(priority),并渐次达标致果,成为彼得·德鲁克(Peter F. Drucker)公开赞扬为管理最成功的美国总统。

或许,你不以为然,你是不是在想下面这些事情?

☼ 他是总统,最后决策当然由他负责敲定,不是吗?

☼ 职位越高的人,通常也有更大的机会、更多的借口来推诿塞责乃至争功诿过,不是吗?

☼ 幕僚团或委员会可以做成最后决定吗?高位者可以在这里玩出很多把戏。

☼ 接受责任总是这么紧张吗?天降大任是这么突然吗?那,你有准备吗?

战争终是比企业竞争严峻、残酷多了,战争常不只是将领本身的安危荣辱,还涉及几十万大军生死还有战后的政经大势。所以,战争中对责任的体认与执行就远比企业界严肃、认真多了,大将风范也常成为企业界典范;毕竟,有时是商场如战场。下面所述,同样是二战后期的一个历史故事。

1944年6月5日,是同盟国联合大军登陆诺曼底的前夕,盟军统帅艾森豪威尔正式下达登陆攻击令后，从口袋拿出纸来，写下了可能要对新闻界发布，但他希望永远不会发生的事。他写下：

"我们的诺曼底登陆战无法取得满意的滩头阵地，因此我已下令撤军。我决定在此时此地进行攻击，是根据可以获取的最佳情报。部队将士都很勇敢尽职，如果有人要责怪，就只责怪我一个人。"

如果登陆失败，后果艾森豪威尔最清楚，那是一场政治与军事上的天大灾难，西欧的再次登陆乃至成功光复至少再延数月。

在此，我们可以再想想。

☼ 诺曼底登陆失败，因素太多，后果太严重，绝非一人所能承担，艾森豪威尔可以责怪的天、地、时、人等因素实在太多了。

☼ 艾森豪威尔一定可以找到一些天造地设、无懈可击，并且是引经据典的好理由。

☼ 艾森豪威尔为什么不找那些正当理由？

他可能立即被撤换，羞辱下台、回家，并准备当个清清楚楚也亲笔自承的历史罪人。

在企业界，"只怪我一个人"如果不是一时的气话，就是稀有人才的讲话——我们还是比较习惯于相互指责(finger-pointing)，意兴所至脑力激荡会议(brainstorming)变成为疯狂责怪大会(blame-storming)；有时，没有相互指责只是因彼此心意已定，不忍相责；或心照不宣，各怀鬼胎。

为什么"只怪我一个人"？

☼ 我只是一个小领导人，要为那些我无法控制的因素，负起成败责任吗？

☼ 其实，我这位置，授权不足，授责不清，我为什么要负那个责任？

☼ 我自告奋勇，负起全责——会不会在职场上死得更快或死不瞑目？

交相指责没有赢家，最后都将成为输家；更精准地说，大家都会陷入所谓的"受害者循环"（victim cycle）之中，不得脱身，终是成了"受害者"：

- ☼ 无辜的自己，无端受他人（老板、同事与部属）之害
- ☼ 无辜的自己，无端受环境（天、时、地、人）之害
- ☼ 典型的城墙失火，殃及池鱼；我可是无辜的小鱼儿
- ☼ 典型的时不我予，满腔热忱，只能徒呼负负
- ☼ 典型的本位主义，到处铜墙铁壁，无辜的我是满头包

"受害者"当久了，自怨自艾，难以自拔也自成一派；因经验丰富也编出一系列借口。

- ☼ 美国有一家公司因此编列20种常见借口供员工选用。例如，你想说："那不属于我的工作"，写出编号"3"即可，不必再多说。
- ☼ 还有一家大石油公司，大老板发现，他的主管们业绩没达成时，总是怪罪天气——天气对石油业确实也有影响。于是，他干脆规定每位主管有权（entitlement）每年可怪罪天气一次。但，配额用完了就不能再用了。

"借口比谎言更坏、更可怕，因为借口是一种被防护着的谎言。"

——波普

"An excuse is worse and more terrible than a lie; for an excuse is a lie guarded."

——Pope

在"受害者循环"内呆久了就习以为常，满于现状，大家以弱者自居，争取同情，甚而因此得到好处；于是，"我也是受害者"成了口头禅，不再追究责任，甚至，放弃责任、放弃了权力也在所不惜。于是，受害者循环再向下沉沦成为"受害者颓尚"（victimization chic）——在这股颓废风尚之风庇护下，

受害者不只是自怨自艾，可能还会自困自残，以享受一时或全时的弱残自虐或被虐世界。

质言之，"受害者循环"内的人是仍未放弃权力、权利、责任与目标、成果的，他们只是权责不清：

- ☆ 总是难以厘清，后来就不想厘清了；
- ☆ 有时在乱军中仍然成功达阵，很得意的；
- ☆ 有时游走责任灰色地带，惊险脱身，很庆幸的；
- ☆ 有些人因而练就一身功夫，进可攻退可守，进退之间争功诿过，也屡有斩获，故乐此不疲；
- ☆ 谈到权利，常与成果无关，更是一场迷糊战，我们确定要把权责弄清？可以弄清吗？

介乎中间的，还有一类型的人则陷入"保权循环"（entitlement cycle）中，这些人认为因循前例与上意而享有特权，受之无愧；或者，天赋我权，不容侵犯。两种状况下，都得倾力保权，职责则属其次；他们的心态总是这样的。

- ☆ 不管绩效如何，基本上我的工作可以做到退休；不是金饭碗，但也是铁的吧！
- ☆ 我的一生青春尽花于此，我当然值得升等，年资也已到了。
- ☆ 我已努力够多了，也过头了，公司是欠我的；当然要逐年调薪，而且幅度要够。
- ☆ 我只是负责行动的，老板是应该为我设定方向，并做出决策。

以上是史塔维齐（M. M. Starcevich）博士的论述，看来是：心态不分东西，国内、国外一体适用。这些人有官僚体系，有工作保障，希望保持现状，有许多教条例规，总是由上而下指挥，讲究单一技能，工作绩效不是很重要；每个人进了组织，定了位置就享有其固有权利，顺理成章，自自然然。于是，大家

进入循环，依样画葫芦，像在一个轨道上运转，各安其位，各司其职，也常是尸位素餐。

这型员工音译为"因循怠惰员工"（entitled employee），他们紧抓权力与权利，表面上也努力工作，因循组织体制与运势，也总有些成果；但没有成果时，也没有多大关系，因为：

☼ 没有功劳，也有苦劳
☼ 志在参加，不在得奖
☼ 只问耕耘，不问收获
☼ 但重过程，不计成果；还有……虽败犹荣

"因循怠惰员工"常感到困惑的是：

☼ 权利固有，为何一定要连上责任？
☼ 责任就是工作，工作就是工作，为何一定要连上成果？
☼ 提升责任会让固有权利减少或失去吗？
☼ 责任又要提高到什么程度？不能无限上纲吧？

"责任"的英文是"responsibility"，原意是"response"＋"ability"，指的是响应、回答的能力，或履行义务的能力；故，要完整接受所有的状况（situation），而非否定它、责怪它或加予合理化。

以因果效应（cause-effect）来说明，"负责任"是要对你所处的状况，能同时完整拥有因与果；不是单纯视自己为果，别人或环境为因；或自己为因，别人或他事为果；负责任是：

☼ 坦然接受过去选择所形成的现在状况；
☼ 坦然承担自己的学习、改进与成长，以达成自己最后的希望；
☼ 培养能力以响应、回答责任与义务。

一代分析治疗心理学大师荣格（Carl Yung）说："把生命放在自己手上，你会发现，你没有其他人可责怪。"

作家王文华曾在斯坦福大学念过工商管理硕士（MBA），后在外企担任主管。在他《斯坦福的银色子弹》著作中，曾描述一段他在洛杉矶实习的故事：他一催再催一份委外研究的报告，最后仍然未能准时收到——害他无法准时完成总报告，他无奈无辜地向老板解释时也责怪了委托商，老板却说：

"闭上嘴！做些事吧。" 英文是，"Shut up！Do something"。

老板并责问：电话达不成，为何不开车去？办公室找不到就等，等不到就到他家去！为何没有备案计划（Plan B）……

看来，成果没交出就是任务未了。西方人好像不太理"我已尽力了"、"没有功劳也有苦劳"那一套；于是，王文华提论：

☆　100分是本分；

☆　105分是天分；

☆　110分则是专业精神。

不只是要做事（Do Something），还要多做一些（Do More）——也就是西方人常说的多加一盎司（"One More Ounce"），就是：加多一点责任，加多一点决心，加多一点自动自发精神。他们如是说：如果尽责尽职，那么你是称职员工；如果多加一盎司，你可能成为优异员工；因此，多加一盎司，工作与成长就可能大不相同。

一个真正负责的人，其实就是一个具有100%的责任感者：他100%地拥有整个状况，100%地倾注心力，要交出最后成果。

105%或110%的责任感，就是多出了一盎司的胆识、见识与学识，他们的目标是要：更加保证可交出最后成果，或交出更高的最后成果。

就最基本的意义来说，"当责"就是像：

- ☆ 105%或110%的专业精神与自动自发精神；
- ☆ 多加一盎司；
- ☆ 知道什么时候是"只要责怪我一人"；
- ☆ 知道什么时候要"责任止于此"（"The buck stops here"）。

如果，你拥有100%的责任感，心坚志定，总是全力以赴，你一定会成功——成功的事业与人生。仿数学式来运算，100%是1.0——历经人生无数次的1.0责任感运作，是1.0的n次幂方：

$$(1.0)^n = 1.0 \times 1.0 \times 1.0 \times 1.0 \times 1.0 \times \cdots\cdots = 1.0$$

这是完整稳当的100%人生与事业，是可喜可贺。相反地，如果你身陷"受害者循环"中无法自拔，也乏人指点无法自我提升——你的责任感已非100%，可能已下降至60%；60%是0.6，同样地历经人生无数次的运作后，数学式最终会趋于0，方程式是：

$$(0.6)^n = 0.6 \times 0.6 \times 0.6 \times \cdots\cdots \rightarrow 0$$

如果，继续沉沦至"受害者颓尚"庇护下，责任感可能已下降至20%左右，n次运算的数学方程式是：

$$(0.2)^n = 0.2 \times 0.2 \times 0.2 \times \cdots\cdots \rightarrow 0$$

所以，不论60%或20%，终是归零，只是时间快慢而已。

然而，如果你多加一盎司、多一份自动自发的专业精神，具有105%乃至110%的责任感；那么，在无数次的事业与人生运作后是：

$$(1.05)^n = 1.05 \times 1.05 \times 1.05 \times \cdots\cdots \rightarrow \infty$$

$$(1.10)^n = 1.10 \times 1.10 \times 1.10 \times \cdots\cdots \rightarrow \infty$$

两个最终都是趋近于无限大，只是时间快慢而已。

如果是选择一个 200%的责任感呢？那是"以天下兴亡为己任"、"鞠躬尽瘁，死而后已"的悲剧，是不知授权与授责为何物、视工作与生活平衡如草芥的"责任感中毒"现象；智者不取。

选择一个更成功的事业与人生吗？

阅读本书足以诱发一趟探索之旅——一个攸关成功事业与人生的权力与责任冒险之旅，在"当责不让"的旅途上，总是蕴藏有许多冒险与难题：

- ☼ 105%或 110%的责任感又增加多少达标希望？
- ☼ 授权与资源常不足，不到 50%，怎么办？
- ☼ 授权在国内企业实务上一直都是一大挑战，如何克服？
- ☼ 授权后也要授责吗？如何要求或邀请责任？
- ☼ 责任先？还是权力先？是鸡与蛋孰先孰后的同样困扰吗？
- ☼ 授权后，权力就收不回来了吗？
- ☼ 如何解决有权无责与有责无权的困境？
- ☼ 角色与责任如何有效厘清？
- ☼ 权力、责任与权利常没有直接关系，轻易下注太冒险了？
- ☼ 还是回到浑水摸鱼的世界，常有渔翁得利的机会？
- ☼ 听说责任学如热力学，也有责任守恒定律：一方不当多负责任，另一方就会不当少负责任；负过重责任是一种中毒现象，是吗？

请看下列各章节！在这趟旅程中，"当责"贯彻始终，是我们所凭依的概念、流程、架构与工具，是要完整解答上述的许许多多问题。

如果旅途顺利，本书的最大成就将是会逐渐协助你：

$$0.2 \times 0.6 \times 0.6 \times 1.0 \times 1.0 \times 1.1 \times 1.1 \times 1.1 \times \cdots\cdots \rightarrow \infty$$

或者，在你"顿悟"与"决志"后，更简单有力的成功方程式，是：

$$0.6 \times 1.1 \times 1.1 \times 1.1 \times 1.1 \times \cdots\cdots \rightarrow \infty$$

更重要的是：成就这些事，主动权总是操之在己，是"毋需扬鞭自奋蹄"！

好啦！让我们一起享受这一趟探索、冒险、发现与成功之旅吧！

目 录

第一篇 迎接一个翩然来临的当责时代

第1章 在混沌中认清当责真义 ·· 11
 1.1 当责的字源延意 ·· 12
 1.2 当责有 5 个视角 ··· 14
 1.3 当责是一种抉择(choice) ·· 16
 1.4 当责要承担后果(consequences) ·································· 18
 1.5 当责是一种合约 ··· 20
   回顾与前瞻 ·· 22

第2章 从模式与实例中评析当责原理 ·· 23
 2.1 "当责"对应"受害者循环"的三个模式 ··························· 24
  2.1.1 水平线模式 ·· 24
  2.1.2 企图心模式 ·· 26
  2.1.3 同心圆模式 ·· 28
 2.2 "当责"对应"负责"的 8 个比照 ··································· 31
  2.2.1 当责原理第一例 ·· 31
  2.2.2 当责原理第二例 ·· 32

2.2.3	当责原理第三例	33
2.2.4	当责原理第四例	33
2.2.5	当责原理第五例	34
2.2.6	当责原理第六例	35
2.2.7	当责原理第七例	36
2.2.8	当责原理第八例：锐西(RACI)法则	39
	回顾与前瞻	40

第3章 当责的一个关键性应用 43

3.1	ARCI 应用实例：大船出航	47
3.2	ARCI 应用实例：微软的一个绩效改进计划	49
3.3	ARCI 应用实例：美国环保署的一个大型项目	50
3.4	ARCI 应用实例：跨部门团队	52
3.5	ARCI 应用实例：当责在组织内的上下传承	55
3.6	ARCI 应用实例：管理关键性营运重大案	57
3.7	ARCI 应用实例：如何建立 ARCI 矩阵的模式	59
3.8	ARCI 应用实例：承担当责者有资格标准	61
	3.8.1 "你就当那个猪头吧"	61
	3.8.2 "我只是个协调者(coordinator)"	62
	3.8.3 "他是我公司这领域最资深的人"	64
	3.8.4 "别让猴子跳回自己背上"	66
3.9	ARCI 应用实例：直线责任对幕僚责任	68
3.10	ARCI 应用实例：ARCI 的运作环境	70
	3.10.1 权力与责任是怎样协商的	72
	3.10.2 资源不足怎么办	73

　　　　3.10.3　绩效考核为什么是必须的 ·· 74
　3.11　ARCI 应用实例：什么时候用 ARCI ··· 75
　　　　回顾与前瞻 ·· 76

第二篇　开展一个层层跃升的应用领域

第 4 章　当责的基础：个人当责 ·· 83
　4.1　个人当责的特质 ·· 85
　　　　4.1.1　有个人当责者，有强烈的成果感 ·· 86
　　　　4.1.2　有个人当责者，有强烈的信任感 ·· 86
　　　　4.1.3　有个人当责者，从思想启动 ·· 87
　4.2　个人当责：问好问题 ·· 89
　4.3　个人当责的自我实践 ·· 92
　　　　回顾与前瞻 ·· 95

第 5 章　团队互动：个体当责 ·· 97
　5.1　个体当责：好好打一场好球 ··· 100
　5.2　个体当责的根基：当责真意与个人当责 ··· 101
　　　　回顾与前瞻 ·· 104

第 6 章　团队成功之钥：团队当责 ··· 107
　6.1　当责让团队更具特色 ··· 109
　6.2　团队当责与当用工具 ··· 109
　6.3　团队当责的迷思 ··· 113
　　　　6.3.1　"共同责任制"可不可行 ·· 113
　　　　6.3.2　"工作团"是不是团队 ·· 114

XXXIII

　　　　　回顾与前瞻 ··· 116

第 7 章　形成当责文化：组织当责 ·· 117
   7.1　企业文化的认识、塑造与冲击 ··· 119
   7.2　塑造当责的企业文化 ··· 125
   7.3　确立当责领导 ··· 127
      7.3.1　领导人以身作则，成为"角色模范"(role model) ············ 128
      7.3.2　承认无法控制每一件事 ·· 128
      7.3.3　勿陷入极端应用 ·· 128
   7.4　提升组织当责的地位 ··· 130
　　　　　回顾与前瞻 ··· 131

第 8 章　当责的最高层：企业/社会当责 ·· 133
   8.1　企业当责及其四要素 ··· 135
      8.1.1　公司治理(corporate governance) ································ 135
      8.1.2　计量(measurement) ·· 136
      8.1.3　管理系统(management systems) ·································· 137
      8.1.4　报告(reporting) ·· 137
   8.2　企业当责循环 ··· 138
   8.3　与利害关系人互惠互利 ·· 139
   8.4　成为一个当责企业后 ··· 140
   8.5　企业当责的一个著名案例 ·· 141
   8.6　社会当责 8000(SA8000) ··· 142
   8.7　"企业当责"与"社会当责"用法澄清 ································· 145
　　　　　回顾与前瞻 ··· 147

第三篇　当责不让以经营自己、领导团队

第9章　当责——提升执行力 ························ 155
9.1　当责如何提升执行力 ························ 156
9.2　当责是执行力的灵魂 ························ 160
9.3　当责是一种纪律 ···························· 163
回顾与前瞻 ····································· 166

第10章　当责——推动跨部门团队的运作 ············· 169
10.1　团队运作的金三角纪律：当责是其中之一 ······ 171
10.2　团队运作的金字塔结构：当责起承先启后之用 ·· 175
10.2.1　如果你没能"交出成果" ················ 178
10.2.2　如果没人承担当责 ····················· 179
10.2.3　如果不能许下承诺 ····················· 181
10.2.4　如果害怕建设性对抗 ··················· 183
10.2.5　如果没能建立互信 ····················· 188
10.3　当责是团队运作的关键组成 ················· 190
10.4　当责是跨部门团队成功的灵魂 ··············· 191
10.4.1　诺基亚跨部门团队的发展模式 ··········· 192
10.4.2　你的虚拟团队有多"虚" ··············· 194
10.4.3　跨部门还跨越了什么 ··················· 196
10.4.4　一个软件设计业的简例 ················· 200
10.4.5　跨部门团队失败的主因 ················· 203
10.4.6　怎样建立一个成功的跨部门团队 ········· 211
回顾与前瞻 ····································· 217

第 11 章　当责——设定目标与计量管理 ……… 219
　　11.1　目标的迷思与迷失 ……… 223
　　11.2　目标的设定与管理 ……… 226
　　　　11.2.1　时间的目标 ……… 226
　　　　11.2.2　目标的内容 ……… 227
　　　　11.2.3　目标的数值化 ……… 230
　　　　11.2.4　当目标明定后 ……… 231
　　　　11.2.5　那么，你的"下一步"是什么 ……… 233
　　　　回顾与前瞻 ……… 235

第 12 章　当责——培育领导人才 ……… 237
　　12.1　"责任感中毒"与"责任阶梯" ……… 239
　　12.2　领导人的"教练"能力 ……… 243
　　12.3　你是"将"将，还是"将"兵 ……… 245
　　12.4　戴几顶帽子的问题 ……… 247
　　　　回顾与前瞻 ……… 248

结语　当个"当责领导人" ……… 249

参考文献与延伸阅读 ……… 257

后记 ……… 261

迎接一个翩然来临的当责时代

第1章：
在混沌中认清当责真义

第2章：
从模式与实例中评析当责原理

第3章：
当责的一个关键性应用

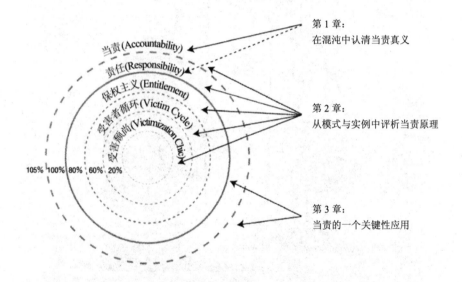

"责任感"的不同层次与运作结果

"理论上,你的时辰未到;但,你抱怨不断,我们实在受不了!"

法国大文豪雨果（Victor Hugo）说："一种观念，当它的时代已经来临时，它要比全世界所有的军队更为强悍。"（"There is one thing stronger than all the armies in the world, and that is an idea whose time has come."）

我相信，"当责"正是这样的一个观念，它的时代正翩然来临；让我们看看下列的一些风吹草动、蛛丝马迹。

☆ 美国通用电气（GE）现任 CEO 伊梅尔特（J. Immelt）于 2001 年 9 月自强人杰克·韦尔奇（Jack Welch）手中接下重任，历经"9·11"等沧桑两年后，他决心重塑 GE 企业文化，于是提出了八项"价值观"及其行动准则；"当责"是为八中之一，承诺（commitment）则为八中之二。2005 年，伊梅尔特所带领的 GE 团队，重新占上《财富》杂志（Fortune）"全球最受尊崇公司"第一名。

☆ 美国管理学会（AMA）于 2002 年对千余家公司做"核心价值观"（core values）的调查时，发现以"当责"作为"核心价值观"的公司占总调查公司的 61%。在总共 20 余项"核心价值观"中高居第三名，仅次于"客户满意"及"伦理道德/诚信"两项。

☆ 全球最大电子仪器公司安捷伦科技（Agilent），在 2000 年时自惠普（HP）分出独立上市。台湾安捷伦前董事长詹文寅说：安捷伦的全球新 CEO 与管理团队决定在保留"惠普之道"（The HP Way）的同时，也特别将"当责"加入为价值观，以形成新的负责文化。他们深信这是高绩效公司所必备的。"当责"正是执行力最重要的基石。詹董事长认为：

当责 ＝ 责任 ＋ 承诺

（Accountability＝Responsibility＋Commitment＋Results）

☆ 微软公司（Microsoft）最近几年正在全世界各地分公司推动"当责"的观念与行动，"当责"已成为公司内新管理语言。协助推动"当责"的是"领导伙伴"（Partners In Leadership）顾问公司，顾问公司运用的是所谓的"奥兹法则"（The OZ Principle）。该顾问公司也同时在美国百余家公司推动"当责"，其中荦荦大者如：辉瑞大药厂、礼莱大药厂、英国石油、Amoco石油、AT&T，还有其他许许多多中小企业。

☆ 微软CEO鲍曼（S. Ballman）说：伟大的员工要能分享六项价值观……当中一项，即对顾客、股东、伙伴与员工的承诺、成果与品质负起"当责"。

☆ 《哈佛商业评论》（简称HBR）在论述戴尔公司（Dell）成功之道时，认为除了直销模式外，就属"当责文化"（a culture of accountability）的建立。创办人迈克·戴尔也常为文或例举说明"当责文化"的要义与精髓，公司内也积极推动所谓的"当责式单点"（"A single point of accountability"）的客户服务观。

☆ 《哈佛商业评论》前主编史东（N. Stone）与资深编辑马格列特（J. Magreetta）在她们2004年著作《管理是什么》中，曾评述认为："当责"将会是在未来10年中，管理界的热门用语之一。

☆ IBM资深副总修伊特（Jamie Hewitt）在论述前CEO郭士纳（L.Gerstner）拯救IBM的成功之道时，认为："当责"再加上成果定期查核制度的强力推动是关键成功要素（KSF）之一。

☆ 美国财经杂志《商业2.0》（Business 2.0）在2006年7月期中选出50位当届重量级商界人物，其内推荐HP新CEO赫德（Mark Hurd）。赫德在2005年上任，负责收拾前任CEO费奥利娜留下的一团乱局。一年后，赫德重整有成，赢回惠普在盈利与股价上的光芒。杂志评论原因是：赫德的直截了当、不说废话的领导风格（"no-nonsense leadership"）；

他让惠普的"酋长"们得以掌握他们对营销大军的全权控制，同时也对这些"酋长"们课以成果的严格"当责"（"strictly accountable for results"）。短评数语，一针见血。

☆ 杜邦公司于20世纪90年代即推动"当责"的概念与应用，并以"RACI法则"（Responsible, Accountable, Consulted, Informed）厘清角色与责任，推动运用于各种跨部门、跨国的专案管理中。

☆ 3M公司在2000年，新CEO麦克纳尼（J. McNerney）上任后，也在3M新企业文化中加了"当责"。在过去5年中，"当责"已成为培训领导力与执行力非常重要的一环。"当责"的确实执行与效果评估，从高阶主管到第一线人员都在随时进行：从董事会（Board Room）到收发室（Mail Room）——举例而言：把重要文件及时寄出是负责（responsibility），再确认对方确实收到是当责（accountability）。

麦克纳尼任3M之CEO约4年半，3M股价涨了45%后，接任波音公司（Boeing）CEO，14个月后的今天，波音从竞争泥淖中脱出。

☆ 美国环保署（EPA）应用"当责"概念与RACI模式/工具，进行大型专案计划的管理，第3章中有实例。

☆ 1993年，美国参、众两院通过《政府绩效与成果法案》（简称GPRA），法案开宗明义第一条目标就是：要"有系统地，让联邦各单位负起'当责'，以达成各型计划的成果"，以提升美国民众对联邦政府执行能力的信心；自此，美国政府有系统地研究"当责"，澄清"当责"，开发并推广应用各种"当责"工具。

☆ 专案管理学会（PMI）鼓励：专案经理利用当责及其工具（RACI 或 ARCI），以厘清角色与责任（role and responsibility），提升专案的执行力。

☼ 合益顾问公司(Hay Group)在为《财富》杂志做完 2004 年美国"最受尊崇"公司调查与研究后,整理出 7 项让各工商业领域中前 3 至 5 名公司脱颖而出的经营要素。这 7 项中有 3 项直指"当责",如:将策略转化为具有清晰"当责"的行动计划、角色与责任充分地厘清及清楚定义决策的"当责"与流程等,其他 4 项也与"当责"多有间接关联。

☼ 德士古石油公司(Texaco)前 CEO 毕哲(Peter I. Bijur)在讨论领导力(leadership)及其拼图因子时,很肯定地说其中最重要的因子是:"当责"。他因此特别在公司内推动"全面当责管理"(total accountability management);他无法忍受平庸之才,要求经理人运用前瞻性思维,兑现对 CEO 与利害关系人的合约。在做计划时,即考虑各种外在因素,包括天气、天灾(acts of God)。必须为最后成果负责,为自己的工作、为自己在德士古的事业生涯,负起"当责"。

☼ 2002 年 10 月,麻省理工学院的史隆(Sloan)管理学院为庆祝成立 50 周年,与各地领导人集会共同探讨未来 50 年中,组织、管理者及服务对象所可能面对的机会与期望,以及现在所正面临的挑战。研讨会在一连串对话与分析后,有了三大基本主张。其中第一主张是:管理者必须通过公开(openness)、透明化(transparency)及当责(accountability)三要点,以建立并保有广大利害关系人的信赖。"当责"的重要性,在今日及未来 50 年,实是昭然若揭。

☼ 张富士夫在当丰田社长,带领丰田全球企业往前冲时,曾当选为美国《财富》杂志 2005 年选出的"年度亚洲商业风云人物"("Asia Businessman of the Year")。《财富》杂志撰文评论时说:"改进'当责'，是张富士夫的三大管理主轴之一。" 2006年6月，张富士夫荣升会长，成为丰田汽车第一号领导人物。

☆ 英国政府为提升企业IT（信息技术）的服务水准，曾针对IT服务的营运原则与流程架构，制定了一套完整的实施指引，是为：ITIL（即Information Technical Infrastructure Library）。ITIL现已成为全球IT服务产业重要流程标准之一；在执行阶段中，ITIL推荐使用以当责为重点的"ARCI法则"（即Accountable, Responsible, Consulted, Informed）以推动专案。ARCI被认定是厘清角色与责任的最佳方法，在推动变革管理时尤为有用；ARCI已被列入其管理工具箱中。

☆ 华人企业家中，已有一些先见之士；他们从自身经营体验中，悟出并推动"当责"的观念。如，中国最具世界声望的企业家之一海尔公司张瑞敏在他的2005年著作《张瑞敏谈商录》中强调："干部怎样对待问题？要100%落实责任。即：'见数也见人'的原则，每个1%的问题，都可转化为100%的责任，100%的责任者。""海尔实行的是：'彻底的成果主义'。"

☆ 在台湾，鸿海企业的董事长郭台铭是这样谈"负责任"的，他说："线上品管人员很认真（有责任意识），也遵守品管作业方法（有负责方法）；但，仍有不良品流出，遭客户投诉或退回。'负责任'就是要：全方面了解、引进并掌握更先进设备，用更先进的技术支援。"

如果，你要把这段话译成英文，那么这里的"负责任"是要译成"accountability"，而不是习知的"responsibility"。郭台铭又继续提到：要不断提高各阶层干部"负责任"的意识及能力，让干部"能自始至终负责任地完成过程。"他认为"负责任"是管理的灵魂。这中间所谈论的，其实都是"当责"。

2006年6月,郭台铭提出鸿海接班人的三条件:品德、责任感与有意愿工作。其中第二点的"责任感",揆诸郭董之前众多论点,此"责任感"当是本文所述之"当责"。

最后,要分享的是作者10余年来在企业界应用"当责",并专心研究国内、外"当责"有关众多论著后,于最近几年来在美国硅谷、新加坡、日本与中国台湾科学园区、工业区、研究机构、大学、政府机构乃至传统产业中几十场有关"当责"演讲会与研讨会的心得及顾问工作经验。

☆ 绝大部分参加者都是第一次接触并理清所谓当责("accountability")的概念——一直都没有适当中文译名出现,英文开始念时有些不顺,越念才越顺——研讨心得中每每表示深具"震撼性",也共鸣了许多管理者与专业人的心灵。

☆ "当责"观念尖锐面对华人传统文化,但每场研讨会后评估的接受度与可应用性多高高在90%以上——显示在华人管理世界中也普受接纳与欢迎。

☆ "当责"其实不是外来文化——"原来这就是当责,这正是我原来想说、想做的;但没想这么透彻,这么精准,也没做得那么坚持。"

☆ "当责"立论清晰、切中时弊,精确定义一些模糊与争议的地方,能唤醒有心人、管理者与领导人的原知与勇气,精准指出努力与坚持,或不必坚持的角度与方向。

☆ 最受欢迎的议题如下所列。

- "当责"的真义、层次、运作环境、应用工具。
- "当责"如何推动专案、提升执行力、厘清角色责任、改善授权授责状况、增进团队默契、提升领导力。

- 如何训练部属与自己负起"当责",交出成果!
- 更多的企业应用实例。
- 如何形成"当责"的企业文化。

☼ 许多类似感想如:"当责"能"重新定位自己,突破以往格局,工作视野变广"。

☼ 会后常讨论的是:希望我老板、同事、部属都知道,不让自己成为孤军、孤岛或孤鸟;如何推广至全体同仁,相互砥砺,并落实为公司文化。

这些感想与意见催生了这本书,这本书也将这些受欢迎、被需求的议题做了深入的分析并提出对策。

据称,英文单词"accountable"(当责)第一次有正式记录的使用,可远溯自西元 1688 年,当时英皇詹姆斯二世(King James Ⅱ)对他的人说:"我为我公开且自愿所做的或所说的所有事,承担'当责'。"("I am accountable for all things that I openly and voluntarily do or say.")君无戏言,当真掷地有声。

20 世纪 50 年代,通用汽车强化了"当责"概念在企业现场的应用;20 世纪 80 年代,进一步的"当责"应用工具,如 RACI、QQT/R 也逐渐发展出来;20 世纪 90 年代是"当责"论述与应用风起云涌的年代;其时也,管理顾问、专家学者、企业经营者乃至非营利机构及政府机关,共同努力扭转"当责"的负面形象,推动"当责"积极应用于厘清责任与角色、经营专案、提高执行力与领导力,甚至达于"社会当责"的应用层次了。

这是第一本精论"当责"概念、原理、架构及应用的中文书,希望的是:让我们一起在华人世界里,也迎接"当责"时代的来临。

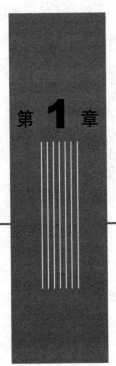

第 1 章 在混沌中认清当责真义

　　当责的字源及延伸意是：要算清楚的、需报告的、可依赖的、能解释的、知得失的、负后果的、重成果的。"当责者"要能承担全责，要确定"负责者"能完成工作。

"当责"（accountability）出现在华人管理世界比较晚，出现时通常又直译为"负责"，与负责（responsibility）无异；所以，除非你查考原文，否则在这个有关责任的关键点上，我们就如此这般、稀泥呼噜、蒙混过关了。其他中文译名其实也多，在中国台湾如：责任感、担当、权责（制）、课责、负全责、全面责任、绝对责任、最终责任、责任归属、绩效责任，还有一本中文字典误译为：会计责任。在中国大陆，有译名为应负责任、问责，在中国香港曾译为：承担责任、责任承担或究责。日本则以片假名直译，或意译为：说明责任。看完这些译名再加上原意就已不清的"负责"，就如坠五里雾中了。其实在英文世界里，也含混了好久，直到20世纪90年代中期，经过许多理论分析与经验分享后才逐渐清晰——由被动转为主动、由负面转为正面、由消极转为积极、由个人而进入全体。在"企业/社会当责"的领域中，在后"安然（Enron）"时代里，甚至已由原本自动自发式的自我提升，转成外界逼迫式的被动承受了。

当责真义，不可不察。

1.1　当责的字源延意

首先，让我由英文原文以追根究底的方式来分解当责（"accountability"）这个词——accountability 的关键词根是"count"。

☆　"count"有计算、清点、计量之意，如"count in"是计算入、算成果。

☆　"count"有相信、信任、依赖、可靠之意，如"count on"是依靠信赖。

☆　"count"有影响、很重要之意，如"experience counts"是"经验很重要"。

☆　"ac"前缀为"ad"之变体，表方向、添加之意；加在前缀后，有往某一方向加强效应之意。所以就有了下面这些分析。

- ☆ "account"成了报告、说明、解说理由等意义，是社会学上的重要名词。其也开始有了负责的意思了，如"account for"是为事负责，也指算账、计算书、账目、账户，乃至营销学上的"客户"之意。

- ☆ "accounting"是会计学；是要对账目计算清楚、说明清楚，也要负责的；要有令人信赖的纪律。

- ☆ "accountant"成了会计师；令人尊重的专业人员，因为对公司账目一清二楚：知因、知果、知过程、知得失，所以会计师其实原是"顾问业"的祖师。也有人讨厌他们而贬称为：数豆子的人（"bean counter"），他们一颗一颗数，一点也不马虎。

- ☆ "accountable"综合起来就是：有计数的、可说明的、要报告的、可依靠的、能信赖的、担后果的、有责任的等诸多含义了。

- ☆ "accountability"是"accountable"的名词，最适切的中译名当然是"当责"；相对的"负责"的英文是"responsibility"，其原意是："response + ability"；是指响应、回答的能力。所以，"负责"与"当责"字源原意就有不同，在应用上固有其交集、有联集，但就是不可混淆在一起。

据说，在古罗马时代，元老院议员行使投票权是慎重其事的。他们要"自由地站起来，走到前面去，声明他们的立场与承诺"，然后投入票才算数，才算一票（"count in"）。这也是当责较原始的原意——是可信赖、愿负责的一票。现代管理中对当责的依赖、信赖（"count on"）有较多着墨。承诺履行当责后，总是：你做事，我放心；但，更重要的是：我做事，你放心。美国赢派（IMPAQ）顾问公司是一家专门从事与当责有关主题的顾问公司，创立人撒姆尔（M. Samuel）对当责的简洁定义是：承担了当责，人们能够相互信赖而信守对绩效的承诺及对沟通的信约。"（"People can 'count on one another' to keep performance commitments and communication agreements"）。

当责(accountability)在计量(counting)上的重要性也越来越大。艾普斯坦(Marc J. Epstein)博士在他的著作《计量真正重要的》(Counting What Counts)中，开宗明义说明承担当责要计算、计量清楚，亦即对所要达成的重要目标要说明清楚、要能数字化，才能计算清楚、才有计量管理、才能清晰负责。

韦氏字典对当责(accountability)的定义是这样的：需要报告、解释或判断的客体，可说明理由且负责的("Subject to having to report, explain, or justify; being answerable, responsible.")

据此而言，如果你负有当责，你是要能做到以下几点。

☆ 报告(report)：适时报告进度，与成果(或并没达成的成果)给适当的人。

☆ 解释(explain)：知道事件的前因后果、来龙去脉，也愿意说明。

☆ 判断(justify)：判别事情的轻重缓急、利害得失，具有响应自己、别人、环境并完成任务的能力。

☆ 可回答(being answerable)：即，说明理由；其中精义，将留在本书最后"结语"中，做完整说明。

韦氏字典的解释中也提到了"responsible"（负责），因此，有人认为不要钻牛角尖了，"accountability"与"responsibility"基本上是同义——早期的管理观念，或文学意义上，"responsibility"就是"负责任"，因此甚至涵盖了"accountability"；都是负责就不必分彼此、不宜分轩轾；但，现在，时势所趋，两者的责任广度与深度已有很大不同，"accountable"的人的责任已涵盖了"responsible"的人了。

1.2 当责有5个视角

美国橡树岭科学与教育学院与加州大学一群学者们在提升《政府绩效与成

果法案》(即 GPRA)所做研究报告中，倡导当责有 5 个视角。

1. **当责是一种关系**(relationship)：是一种双向沟通(a two-way street)，是两者之间的一种合约，不是只对自己的承诺。

2. **当责是成果导向的**(results-oriented)：不是只看输入与产出(inputs and outputs)，更要看成果(outcomes)；当责与成果常是焦孟不离的，如"accountable for results"在英文管理论文上宛若连体婴；以英文来说"outcomes"就是"results"；但，"outputs"并不一定是"outcomes"。

3. **当责需要报告**(reporting)：要报告中间进度及执行与完成的成果，或没完成的成果；如果没有报告，当责根本无由屹立。报告是当责的脊骨(backbone)。

4. **当责重视后果**(consequences)：当责意味着一种义务乃至债务，如不必承担后果，当责必然失去正当意义。后果承担，应在事先由双方先商量清楚。

5. **当责是要改进绩效**(performance)：当责的目标是要采取行动、改进绩效，确定完成任务；不是指责、推错或惩处。当责已由过去式的反应性(reactive)当责，转变成积极性(proactive)当责了。

此外，他们也针对"负责"做了个区别，他们认为：

> 负责(responsibility)是"有义务去履行"(the obligation to perform)。
>
> 当责(accountability)是担起责任以确定该"去履行的义务"(亦即负责)，是可被完成的。

意简言赅，两相差别，清晰立判。所以，"当责者"是有义务确定"负责者"在执行任务，并对其执行成败负有"责任"，这个义务还类似于债务(liability)！

1.3 当责是一种抉择（choice）

事实上，在西方世界，还是有人对当责充满疑虑的、消极的、负面的历史印象，他们觉得：

- ☼ 当责是在事后找出代罪羔羊，以负起全责；
- ☼ 我可能会在这里被卡死了；
- ☼ 是老板用它了套我、整我、惩我的；
- ☼ 当责没意义，在我们公司里，没完成任务是家常便饭；
- ☼ 当责是一种更沉重的负担；
- ☼ 当责会引发不必要的压力、恐惧、悔恨、罪惩与憎恨。

那么，当责是不是如此无可奈何、无法逃避的宿命？

如果我们从另一个相对的角度来看当责，"当责者"相对比的就是"受害者"；作为"当责者"，与成为"受害者"其实只有一线之隔。美国领导力伙伴顾问公司的创立人康诺斯与史密斯，在他们的奥兹法则中提出了"水平线上"（above the line）与"水平线下"（below the line）的概念，就是这相隔的一线：

"水平线上"是向上提升，走向当责的步阶；"水平线下"是向下沉沦，陷入交相指责的受害者世界。

这一条细线隔开两种心态，成就了两种迥然相异的结果；这一条细线也代表一种心灵的挣扎、一种困难的抉择。

在知识工作者时代，人们拥有"选择权"是很重要的。奥兹法则中即倡议：

"当责是一种个人抉择（a personal choice），是选择要提升个人处境并展示拥有权（ownership），而藉以达成所预期的成果（results）。"

所以康诺斯与史密斯对"当责"下了如此新定义：

"一种人格特质,不断在探讨我还能多做些什么,以提升或超越我目前的处境,而赢取我所追求的成果?它需要一个程度的拥有感,包含做出、守住并积极响应'个人承诺'(personal commitments)。它眺望未来,故能拥抱现在与未来的努力,而非只是被动式的与过去式的解释。"

在这个定义中,有一些词句,对当责新观念很是关键:

- ☼ 一种能行使"多加一盎司"("one more ounce")的人格特质;
- ☼ 一个正视问题、解决问题、达成任务的流程;
- ☼ 一份"拥有感"与个人承诺;
- ☼ 一种前瞻现在与未来的努力。

当责,无疑地,是一种个人自主性的抉择,是"当责者"对应"受害者"之间的抉择。"受害者"心态是一个最容易的选择,但对一个人所造成的戕害却巨大;杰克·韦尔奇在他 2005 年的新书《赢》(Winning)中有感而发,有几则生动的评论,他是这样说的。

- ☼ "我希望别人记住我的是:我这个人一生尝试要清楚说明这个论点,你永远不可以让自己变成一个受害者。(You can never let yourself be a victim.)"
- ☼ "控制你自己的命运,否则别人会控制你的命运。(Control your destiny or someone else will.)"
- ☼ "Don't act like a victim!"——也许,心理上不是受害者,但表现上却是个受害者。
- ☼ "在任何商场状况之下,把自己看成一个受害者,是一种不折不扣的自我挫败术(completely self-defeating)。"

自相矛盾的是,大多数人都认为,他们别无选择才成为受害者。事实正相反,他们是自己选择成为受害者。选择成为受害者是很自然的,因为:难以改变目前所处的环境，无法响应该环境下的各种状况；无法坚定价值观、掌控态度、改变行为；没有了企图心，不知道所追求、所渴望的成果是什么？所以，像极了法国哲学家伏尔泰所描述的：宛如大雪崩中的片片雪片，总是不曾感受到些许责任。当然，片片雪片也飘飘何所似，不知所终。

深入了解自由、自由意志与自由抉择的真谛后，我们将会更愿意去接受抉择后的责任（responsibility）；当我们发现，很显然地，责任无法避免时，我们会更愿意去做好准备，以接受这个责任。当我们愿意对行动及其应用，接受整体责任（full responsibility）时，我们就承担了当责（accountability）。当我们无可避免地承担起当责，我们就不会倾向于把责怪加诸他人或加诸我们所无法控制的环境。

出版系列《完美咨询》（*Flawless Consulting*）著作的名顾问布洛克（Peter Block）曾把"成熟度"（maturity）定义为"愿意选择当责的程度"——你愿意承担当责，当责则将赋予你威严（dignity）。

彼得·圣吉（Peter Senge）在其名著《第五项修炼实战篇》中说："最终是，个人的练达教会了我们去做选择；选择，是一种果敢的行动。现在就去选择那些将塑造你运命的成果与行动吧！"

1.4　当责要承担后果（consequences）

对许多人来说，承担当责后，心中总是挥之不去的是要承担"后果"（consequences）。后果，是大自然法则中的因果效应，"因"是我们采取的思想与行动，行动要致果，有成有败；当责不让并无法豁免或轻缓你必须承担的"果"。承担当责并不表示你具有全权掌握（full control），而不具有全权掌握并不表示你的当责变小或不必承担后果。

"后果"是你在当责辖区内所赢取、所承受或被拒绝的结果；忽视它，常使后果更为严重，也让当责失去正当性。美国资深顾问克雷特与墨菲（B. Klatt & S. Murphy）在其著作《当责》（*Accountability*）中对处理"后果"颇具创意，他们提议：后果应由双方协商，而且事先约定好，例如下面描述的。

- ☆ 如果事业部营收提升15%，你将有可观的年终奖金（细则另订）。
- ☆ 如果降低部门成本无法达10%，你将被减缩授权范围，并遵从上级严管规定。
- ☆ 如果你的项目能准时依预算完成，老板将提供你两项人所称羡的新任务。
- ☆ 如果在员工满意度调查中，你部门的结果持续盘低，你在未来一年中不会升官或转调。

故，综合来说有三大类的后果：

1. 正面性后果

如：

- ☆ 奖励与肯定，如明年可参加一次国际性会议；
- ☆ 奖金，如加薪、红包、多加一周的假期；
- ☆ 个人的成就感与满足感；
- ☆ 降低个人压力或享受更佳的工作/人际关系；
- ☆ 能取得更多的预算、人力等资源；
- ☆ 能有机会一试长才，一展抱负。

2. 负面性后果

如：

- ☆ 得到一个不好或不太好的定期绩效评估；

- ☼ 在一段时间内，决策权限被限制，需接受上级较严格的督查；
- ☼ 丧失一些原有的特权；
- ☼ 年终奖金的丧失、下降或隔年不加薪。

3. 惩罚性后果

如：

- ☼ 正式减薪或降级；
- ☼ 进入组织的惩戒流程中，接到第一次警告函；
- ☼ 开除或裁撤。

当然，在我们所讨论的当责任务中，我们不希望太涉入第 3 项的惩罚性后果中。在第 1 项与第 2 项中，双方可以找到都可事先接受的创意思考，有些还要有进一步的数字化陈述，又如：加薪至所有员工中的最高 5%，规划 5 年内成为部门总经理，多一周欧洲带薪假期，多一次参加国际会议，个人或配偶参加公司特别奖励计划，加入总公司层级的规划会议成为成员等。

1.5　当责是一种合约

当责原是一种新价值观的建立、改变与确立，然后强烈影响企图心与态度，进而采取行动并强调交出成果。在企图心/态度，与行动/成果之间形成一座坚固的桥梁，宛如在每个人心内签下一个负责任的"心灵契约"（psychological contract），一如克莱恩（Dr. G. A. Raines）在他《当责领导力》（*Accountability Leadership*）书中所述的：这份"心灵契约"是确保双方的信任与承诺。

这种"心灵契约"在克雷特眼中又成了一份更正式的"当责合同"（accountability agreement）。合同内容具体涵盖：焦点任务的内容叙述、当责辖区范围、所受资源支持、评估方法、最后成果目标，当然还有前述的"后果"说明；后果包括正面的、负面的，数量化的与非数量化的。

既然是一份合同，双方就应有协商。不只后果承担可先协商，目标订定也是一个重要的协商。毕竟，屈打成招是会降低当责合约或心灵契约的力道，尤其在这个知识工作者正盛的时代里——在第8章中，我将详述当责式的目标协商。最后，我想再引述克雷特等人对当责的说明，他们从另一角度定义当责——仍采用中英双解，让思考更深切："当责是一种允诺，是一种义务，不只是对自己，还要对周遭其他人，交出一个特定的、已约定的成果（results）。"英文为，"Accountability is a promise and an obligation, to both yourself and the people around you, to deliver specific, defined results"。

不是说：已全力以赴，对得起自己良心；做多少，是多少——有输入（inputs）就会有产出（outputs）；都已尽心尽力，成果未必尽如人意。

无用/错误的信息输入或无用/错误输出（"Garbage in, garbage out"）似的产出（outputs）不是当责的目标；当责合约要的是成果（get results）中的成果（results）或（outcomes）。

> "重要的是，不只是我们做了什么事；还有的是，我们负有当责却没做的事。"
> ——莫里哀，17世纪法国剧作家

> "It is not only what we do, but also what we do not do for which we are accountable."
> ——Moliere

回顾与前瞻

我们曾经在许多研讨会中讨论,实践当责行为后对个人、团队、整个组织所造成的利益;讨论非常热烈,尤其是在个人部分,例如提升自主感、拥有感、成就感、尊重感、互信感、荣誉感与责任感等,这些当责行为在逐渐实践与成形后,将形成组织的当责文化,成为竞争优势。

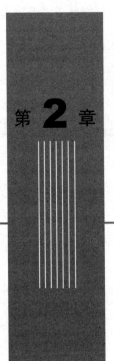

第 2 章 从模式与实例中评析当责原理

　　当责运作有三种重要模式，都在避免陷入"受害者循环"而导致自我挫败。"当责不让"要能综观全局，也能细查关键，能细分当责与负责的不同责任深度与广度，本章以 8 个实例说明。

论述当责原理，要分两个阶段。首先，我要以"当责者"相对于"受害者"的三个基本模式开始；然后，再以"当责"相对于"负责"的8个实例做进一步阐述。

2.1 "当责"对应"受害者循环"的三个模式

在"责任感"承担上，如果不能勇于负责，勇敢地向外或向上跨出一步，则每每向内收缩，或向下沉沦，成了所谓的"受害者循环"的受害者世界。如果缺乏自我认知，或乏人指引，是很难提升的。画成模式后，不惟昭然若揭，也令人心有戚戚焉。

下述三模式：水平线模式、企图心模式及同心圆模式，给大家一个全貌。

2.1.1 水平线模式

第一个模式是美国领导力伙伴顾问公司所倡导的，如图2-1所示：

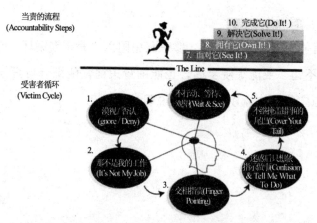

图2-1 水平线分开的当责流程与受害循环

资料来源：R. Connors, T. Smith & C. Hickman: The OZ Principle

一条细线分出两个世界，在水平线上面的称为"当责阶段"（accountability steps）；有4个重要阶段，拾级而上，依次是：正视问题（See It!）、拥有问题（Own It!）、解决问题（Solve It!）及最后着手成事（Do It!）。说起来简单，做起来困难，因为有许多人第一就无法正视，而是逃避、推拖、漠视各种问题，然后很自然地掉落到水平线之下，称为"受害者循环"，其中有6种不同的受害心态，在思想中、态度上、行为上循环不已；很多人难以自救自拔，必须藉助他人帮助。一个成功的领导人有了自身的经验，常可以在各节骨点上救部属、救同僚乃至救客户，重新回升到"当责阶梯"上。康诺斯与史密斯在《翡翠城之旅》（*Journey to the Emerald City*）著作中，曾详细分析"受害者循环"中受害者的6种心态，综合言之如下所列。

第一种是："漠视或否定"（ignore/deny），典型心态如：

☼ 从我的位置看，我不觉得有问题；

☼ 我的研究报告没有显示这个问题。

第二种是："那不是我的工作"（It's not my job），典型心态如：

☼ 这不在我的工作内容（job description）内；

☼ 我不是被聘请来做这种事的。

第三种是："交相指责"（finger-pointing），典型心态如：

☼ 那些业务人员，实在是不懂怎样销售我们这种设计精良的新产品；

☼ 研发人员如能开发出顾客真正需要的产品，我们的业务目标就可达成了。

第四种是："真假迷惑、不知所措；告诉我怎么做"（confusion and tell-me-what-to-do），典型心态是：

☼ 你到底要我们聚焦在哪里？质或量？

☼ 你就直接告诉我怎么做好了？（当然你是要负责的）。

第五种是："掩盖尾巴"（cover your tail）的游戏，如：

☼ 我早就警告过你了，请看我三个月前给你的电子邮件；

☼ 我已经把所有可能失败的理由整理归档，日后备用。

第六种是："等着瞧吧"（wait-and-see），典型心态如：

☼ 我们正处过渡期，时间过了，自然就变好了；船到桥头自然直，古有明训。

这 6 种心态，如风火轮般旋转，被卷入的无一幸免，都成了"受害者"。

如果你当责不让，跑在水平线上，你可以按如下步骤进行。

1. **正视问题**(See It)。面对冷酷事实，察纳他人批评，诚恳公开沟通。

2. **拥有问题**(Own It)。积极介入，承诺目标，与组织校准目标。

3. **解决问题**(Solve It)。面对难题，专注最后成果，不断思考：为了成果，我还可多做什么？（"What else can I do？"）

4. **着手成事**(Do It)。确实执行，主动报告进度，不断有后续追踪。

2.1.2 企图心模式

第二个模式是赢派顾问公司所建立的，如图 2-2 所示。

图 2-2 是个 8 字形的上下两边回路；在上面的，他们称为"当责回路"（accountability loop），从坦承问题存在开始，到采取行动，总共 6 步历程，完成当责任务。在下面的，是为"受害者回路"（victim loop），从忽视问题的存在开始，一路发展到隐藏自己，拒绝加入，总计也有 6 步，形成了受害者难以自拔的情境纠缠。

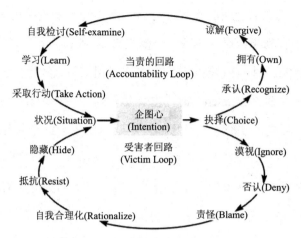

图 2-2　8 字回路下的当责与受害者

资料来源：M.Samuel & S.Chiche:The Power of Personal Accountability

当环境中发生状况时——通常也是一种颇具挑战性的状况，你就开始选择如何回应。基于你的企图心（intention），你会有不同的回应，也选择了不同的路径。8 字向下——你会轻忽（ignore）该问题，否决（deny）自己要介入，终而怪罪（blame）他人；然后，针对为何他人须负责而予以合理化（rationalize），并抗拒（resist）他人要你介入的任何企图；最后，你隐藏（hide）自己，避免处理那件棘手问题。

看来，人同此心，心同此理；"受害者回路"的 6 步与前述的"受害者循环"的 6 种心态是颇为类似。

8 字向上——你承认（recognize）确有问题存在，承接了"拥有权"（ownership），为了要解决它，你也谅解（forgive）自己与别人让这问题发生，然后摆好架势，自我检讨（self-examine）问题为何发生，并学习（learn）如何用不同方法解决，最后，当然就是尽速采取行动，让行动产生一定成果。

同样地，"当责回路"中的 6 步与前述的"当责阶段"四大步也有些许类似。

然而，第二模式的企图心模式，与第一模式的水平线模式两者，看法与做法虽相近，但仍有其相异点。在第二个模式的 8 字中，上面的"当责回路"是不会一直在上面的，图 2-2 很清楚地呈现了，当遇上另一种状况(situation)时，可能又生出了另一种企图心(intention)，也引发了另一个抉择(choice)；于是，一个原属"当责者"可能再度沦落入"受害者"。这种现象，更符合企业经营的实况。

很多很成功的"当责者"，在时间、目标、业绩、一时情绪与多变环境等诸般压力之下，是会重回受害者回路中受苦受难的。英明神勇如 GE 的前 CEO 韦尔奇也自承时而陷落其中；但，不同的是，这种人可以比较快速地奋身爬出。所以，第二模式中，两种回路有其一段交接处，在交接处仍会时有起落。要强调的是：纵使是个饶富经验的"当责者"，在不同时空下，也不免沦为"受害者"；此时此刻，要靠的是，自己的幡然悔悟，或同僚毅然相助，或当责文化无所不在的熏陶了。

第一模式中的一条细线，也是指一个心理争战不已的抉择过程：确认外部状况，清楚内部企图心，勇敢做出抉择；然后，重新又踏上不同的旅程与不同的运命。所以，不论哪一模式，要的是：

注意一下，那条心中的红细线！

也注意一下，你的 8 字相接处！

2.1.3 同心圆模式

第三种模式，是我在图 2-3 中所提出的：

如果你是个很有责任感的人，你的责任感是 100%；你克尽厥职，全力以赴，总是冀望圆满达成任务、交出成果。你就是我们习称的负责任的工作者，你是图 2-3 中那个美丽坚实的实线浑圆。

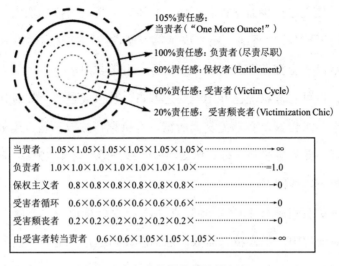

图 2-3　责任感的内缩与外扩程度

但，如果你认为，其实工作只需沿袭前例、崇尚天赋我权，只要做好分内事，自扫门前雪，循着固有官僚体系，成果也总会来到；如果成果未到，只是时间未到，纵使真的最后也未到，那也是天意。天意如此，夫复何言？那么，你的责任感是往内缩了一层，变成了内部第一圈虚线，是为"保权主义者"（entitlement）。保权主义下的员工确实在负责，但责任感不足、目标感不足，个人成就或共同成果当然也不足。保权主义下的领导人，有空也要想一想：拿掉帽子（title），仍有多少人听你的？

"我相信，每一份权利必然包含着一份责任；每一个机会必然包含着一份义务；每一种持有必然包含着一种职责。"

——小约翰·洛克菲勒

"I believe that every right implies a responsibility; every opportunity an obligation; every possession a duty."

——John D. Rockefeller. Jr.

如果，你更退一步而漠视、责怪、回避、拖延、退藏，就成了典型的"受害者"，你的圆又往内再缩一圈，成了第二圈虚线，这时你的责任感可能不到60%。你常以"受害者"自居、自顾自怜，也常委曲求全。

如果，你对受害状况已开始能安之若素，且自成歪理，甚而甘之如饴；平时做人处事但求怜悯，有功无赏无所谓，有错期待被放一马，闲暇顾影自怜，自放于责任、义务与权利之外。那么，你的责任感已降至20%，圆又内缩了一圈，成了第三虚线圆。

不论你的责任感是80%、60%或20%，这种价值观、态度、行为乃至行动，在事业旅程中，都将精力溃散，迟早虚耗殆尽，终是失败归零。在本书作者序中，比拟了一些数学公式运算，期以加深印象。那些数学式承蒙旧金山的翁志道博士、江瑞鹏顾问及台北的林宏义资深副总，相继提出意见、提升意义，应是令人印象深刻。

当然，杰克·韦尔奇在1.3节中的"真情告白"与谆谆告诫，不啻醍醐灌顶，或当头棒喝了。

你看到100%责任感实线浑圆的更外一圈圆了吗？那是当责——当责不让，以确保成功、交出成果的当责。它在数学意义上是：多加了5%、10%乃至20%；在物理意义上是：我能"多"做些什么？英文是："What else can I do？"文中重点之一是："else"，这英文字已可数量化表示如上所述。

同样一园心田，可能化为层层同心圆：从负起当责交出成果、全心全力为工作，到保权第一、到责任如重担能免则免、到反对职责同时也弃权。是向外、向上扩张而涌起千堆浪？还是内缩为一阵涟漪后，令人心碎的平静无波？

能不深思、力行乎？

100%的责任感之外，是一个怎样的成长空间？下面我将由8个不同的角度，进一步检视"负责"之外、之上的"当责"的精义与原理。

2.2 "当责"对应"负责"的 8 个比照

在现代管理中,当责(accountability)与负责(responsibility)已有明显分野,这种分野并在流程/项目管理、产品/软件开发等活动中协助厘清关键性的不同角色与责任。角色与责任厘清后,绝对有助于提升活动的"有效性":含有效果(effectiveness)与有效率(efficiency)。

由下列 8 实例中,我们将深入了解"当责"与"负责"的明显分野,也将有助于进一步了解当责真义。

2.2.1 当责原理第一例

前文曾提及美国橡树岭科技教育学院与加州大学对当责与负责所做的区别说明。下述第一例,有相当类似的说法;提出的则是在安达信顾问公司(Accenture)有约 30 年顾问经验的资深主管包盖思博士(Keith Burgess)及其研究人员。

> 负责(responsibility)是:
> 有义务采取行动或有所产出。(The obligation to act or to produce.)
> 当责(accountability)是:
> 有义务确保这些行动责任确能交出成果来。(The obligation one assumes for ensuring these responsibilities are delivered.)

所以,一个有当责的经理人,应该首先负责对已定案的计划采取行动,然后要对这些行动/任务的确定完成,负起全责。

为"成果"负"当责"(accountable for results)是组织内每一阶层经理人当

尽的义务，不论这个组织是营利性或非营利性的。

也许，一个更简单的实例是邮寄物品吧：准时、依规把物品寄出，就是负责；如能再追踪收件人，确认是否收到，是为当责。为确实达成任务，甚至还思考何种投递方式、何家公司更可靠，这就是当责中的为所当为了。等而下之的，就试试这些人："邮件已依规定寄出；你问我，我问谁？""没收到？那是邮局的错，我可管不到邮局。""补寄？依照我们规定，还要……"

2.2.2 当责原理第二例

> 负责(responsibility)是：
> 承诺是对自己所订下的。（Commitments are made to oneself.）
> 当责(accountability)是：
> 亦即承诺是对别人所订下的。（Commitments are made to others.）

这是列文生学院(Levinson Institute)总裁兼 CEO 克莱恩博士(G. A. Raines)的论述。克莱恩是管理与领导学的顾问，也在哈佛医学院工作，曾写过许多有关脑与心智发展、工作压力、组织角色的书及《当责领导力》一书。

不论负什么样的责任，通常都要许下承诺，承诺许给自己或许给别人有很大的不同。我常用的实例是，一个兢兢业业的工程师可以说：我每天夙夜匪懈，超时工作，还外加周末加班，我对得起自己良心，也对得起公司——仰不愧天，俯不怍地。但，问题是：他答应给顾客的、给老板的、给其他同事的，都还没给；那么，他的"当责"是有问题的。

克莱恩博士说：当责的承诺是下给别人的。如果，要对这句话再改进的话，我认为当责的承诺是同时下给别人与自己的，是比单纯下给自己更严峻的。

2.2.3 当责原理第三例

> 负责(responsibility)是:
>
> "执行"责任——有责任确实执行被交付的任务。
>
> 当责(accountability)是:
>
> "成果"责任——不管怎么做,有责任交出成果!

这是日本企业经营顾问上原橿夫在他的著作《愿景经营》中提出的。上原提出:目标管理(MBO)上应负的责任就是"当责",所以目标确定后,是一定要交出成果来的(deliver! deliver! deliver!)。如果你仍不明白个中精义,你就常会有:没有功劳也有苦劳,或虽败犹荣的迷思与迷失。这也就难怪世上有很多组织在执行目标管理时,学皮学肉却没学得骨/精髓,以致难竟全功。

2.2.4 当责原理第四例

> 负责(responsibility)是:
>
> 正确地做事。(About doing something right.)
>
> 当责(accountability)是:
>
> 做正确的事。(About doing the right thing.)

这是李普顿(Mark Lipton)在他2003年哈佛商学院出版社出版的《引导成长》(Guiding Growth)著作中的见解。他同时指出,在一个充满活力的组织架构内,最重要的特质要素就是:个体当责(individual accountability),而非个人责任(personal responsibility)。

把事情做得好又快,是一种"效率"(efficiency);但,如果事情本身并不是正确的,那么这种"效率"就不重要了。正如彼得·德鲁克说的:

"做正确的事,比正确地做事,更重要。"

"没有什么事比'在一些我们最好别做的事上,获得更高的效率'更没有建设性了。"

所以,彼得·德鲁克总是在强调经理人的"有效性"(effectiveness),也就是要取得成果(get results!)。他很少谈效率,并说:不是效率不重要,而是有更重要的要谈;而所谓更重要的,当然指的正是效果、结果、成果了。

把事做成了,但事的本身不对——有些工作者是不在乎的,反正是交办的事,交差完毕就了事,至于它在最后结果中做出什么贡献?那是老板的事,我至少是有苦劳的。所以,有时你会在工厂遇见这种诡例:客户已经确定不要这种产品了,制造主管还是照样赶工赶出,以了结一桩工事。

当责是:首先确认是正确的事,然后正确地做事,也做得快。所以,如果要对李普顿有关当责的说明做个提升的话,用英文讲,当责即:"About doing the right thing right"。多加最后一个"right",这位老板可能近乎苛求;或许,超越"当责"后,就称为"苛责"吧。

但,也不尽然那么"苛"。2005年,安迪·格鲁夫在正式告别英特尔而对董事会的最后一次演说中,只简短地用了三张投影片,第三张说明董事会应该戮力维护的5个英特尔价值观中,第五个即"Do the right things right"。

2.2.5 当责原理第五例

> 负责(responsibility)是:
> 广义名称,例如在组织架构中,所谓的角色与责任(role & responsibility)。

此时"负责"泛指所有责任,甚至包括"当责"。狭义名称,指相对于"当责"的一种更精准的责任定位,有助于在现代管理中厘清责任归属。

> 当责(accountability)是:
>
> 有许多复合的同义词,经常出现在各种管理文献中,如:全面责任(overall responsibility)、整体责任(whole responsibility or full responsibility)、终极责任、最终成败责任(ultimate responsibility)、严格责任(strict responsibility)及绝对责任(absolute responsibility)等。"当责"比"负责"有更深、更广、更主动的责任涵义。

2.2.6 当责原理第六例

> 负责(responsibility)是指:专业人的责任。
>
> 专业人(specialist)要执行特定任务或上级分派的工作;或圆满达成被授权的职务内容。
>
> 当责(accountability)是指:经理人的责任。
>
> 经理人必须体认、认清与接受:负起在辖区内,任何活动的全部责任——无论原因为何;当责是专属于管理者的职责。

这是美国 RES 顾问公司总裁马丁(P. K. Martin)在描述著名的跨国顾问肯宁(George Kenning)的毕生经验时,所引述的定义。肯宁在 20 世纪 50 年代即在通用汽车(GM)推动一些有关当责的活动,这个定义其实已经下到实际运作的阶层了。下述 5 条原则也成了有关当责的所谓"肯宁原则"。

1. **承担当责与否,是评定一位经理人资格的关键要素。**

经理人是通过他人完成工作,所以要选对人、训练人、有互信、明指示、明要求、给资源、做评估,然后承担成果,不能有任何借口;经理人的必备心态是：接受当责带来的挑战。

2. 与上司厘清辖区、协商目标、商定后，负起当责。

要积极主动厘清，不能以上意不明、下层不知为其借口。

3. 承担当责意味着全盘接收，不能有任何附带条件。

经理人原就无法一一掌控每一件事，但仍是要承担整体成果；成功经理人都能接纳这种挑战。

4. 当责不能与人共享，在一个辖区内只能由一个人负有当责。

5. 善尽当责与否，是评估经理人绩效的基础。 善尽当责，故能全力达成协定后的目标让组织如团队一般运作、通过他人完成工作而不亲力亲为、训练部属、帮助组织内的人都成功。

当责的观念与行动不断演化，今日已非事后找代罪羔羊以结束一笔糊涂账，而是在一开始就订下游戏规则，以期一马当先，先解后患：

- ☼ 在错误发生之前，就已知道谁要负责；
- ☼ 或者乐观些，即在成功之前，就已知道谁将会享殊荣；
- ☼ 然后把焦点集中在预防上，而非准备事后的交相指责。

事后的疯狂交相指责，英文为"blamestorming"，很伤人也伤神，最后让"人神共愤"。

2.2.7 当责原理第七例

基于上述 6 例、6 角度来看，我们可以发现，原来责任可以有两个层次，如图 2-4 所示。

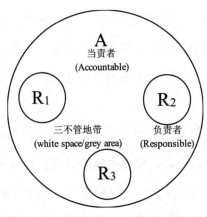

图 2-4　当责者与负责者的责任层次

在一个辖区内，通常有一个人负有最后成败责任的当责，即 A；在当责之下，有许多人分担许多不同的责任，如 R_1、R_2 与 R_3 等。

R_1、R_2、R_3 是专业人，也正是执行工作的工作者(doers)，他们负责执行那些被授权的职务内容。A 负有当责，是个经理人，要通过他人完成工作，也要对辖区项目的成败负起最终责任，承担起正面性或负面性的后果(consequence)。

当责的人不能在辖区内找借口，图 2-4 的辖区内，有 R_1、R_2 与 R_3 各负责的专区，是比较不易出错的地方，周围广大的区域习称"白色空间"（white space*），或中文的"三不管地带"——R_1、R_2、与 R_3 三个人都不管的；这区域正是执行力脱钩、沟通力不透、互踢皮球的灰色地带。通常，项目没能交出成果，原因都在此，故也是当责者重视的地方；这个地方包含各种活动，有专业的、非专业的乃至天灾人祸——有可抗力、不可抗力的。有些事件发生时，对当责者是有利的，当责者兴奋之余每呼："天助我也"；有些事件对当责者，

---

* "white space" 直译为"白色空间"，多年来原意指三不管地带，亦可称为灰色地带；但，近年来讨论策略时，亦有称策略上未开始或待开发之区域为"white space"者。本书仍沿用旧有用法。

形成雪上加霜，就成了"天亡我也"。但，当责者要认清的最公平法则是：不论天亡我也，或天助我也的事件，都能一肩承担，不找借口。

举个例：如果，你的公司设在纽约世贸大楼，在"9·11"事件中全毁了，你有"责任"吗？

在法律上，你应该没责任；但，在企业经营上，你绝对负有当责——就因为你原就认定负有当责，所以，你会做风险分析、做异地备援系统、做紧急应变计划、做……因为有当责概念，所以摩根士丹利投资银行可以在30分钟后，立即在附近第七街成立应变指挥中心，并随后与新泽西州第二办公室恢复各系统运作。摩根士丹利是世贸大楼最大承租户，3000余名员工分处25楼层，但劫后重生，而其他绝大多数的公司却从此一蹶不振，或就此销声匿迹。这批人同声一叹，这么大的天灾，谁也不必负责，谁也没罪，天意如此。

那么，小一点儿的灾难呢？如果你负责一条生产线，在产品供不应求、需求极其旺盛下，你的产线又遭天雷打毙，无法生产——你当然是无法控制老天打雷，你会有责任吗？

当然有，你负的是当责，你为何没做预防或备案措施？纵使事前、事中、事后都进行妥善措施，但当责在身你还是难以怨天尤人，最后说不定还丢官走人，公平吗？你看过许多冰雪聪明的 CEO 也如此这般丢官走人，公平吗？且不论公平与否，实际上，企业是一直这样残酷地运作着。或许，长叹一声，官运不济，又奈他何？只是，长叹后如敢承认失败，那么或有机会东山再起；如陶醉在虽败犹荣，或麻醉在愤世嫉俗下的，恐怕都难望再起了。

不管在什么状况下，当责作为个人或公司价值观，可以武装你的思想、心态、态度、行为、行动，乃至成果，或失败后的重建。"当责"，当多给你一份振奋良机。

2.2.8　当责原理第八例：锐西（RACI）法则

责任有两个层次这一观念，事实上已延伸应用于所谓的"锐西法则"（RACI）中，应用于美、欧大小公司的流程管理、项目管理、产品开发、软件开发、跨部门/跨国/跨公司管理；应用以厘清角色与责任，又称"责任图解"（responsibility charting）。这种责任图解涵盖四种不同角色、四种不同责任，能有效推动各种活动，其定义如下。

☆　R 是：负责者（Responsible）

其是实际完成工作任务者（"doer"）。负责行动与执行，任务可由多人分工，其程度由 A 决定。

☆　A 是：当责者（Accountable）

其是负起最终责任者。具有确定是/否的权力与否决权（veto power），每一个任务活动只能有一个 A。

☆　C 是：咨询者（Consulted）

其是在最后决定或行动之前必须咨询者，可能是上司或外人；为双向沟通模式，需提供 A 充分且必要之资讯。

☆　I 是：告知者（Informed）

其是在一个决策定案后或行动完成后，必须告知者。在各部门、各阶层或后续计划者，为单向沟通之模式。

这个定义广泛用于微软公司、杜邦公司、美国 PMI、英国 ITIL 组织、许多大中小企业、许多顾问公司及许多管理论著中。

或者，我们可以用简化的英语来说。

R：是"The doer"，是"Position working on the activity"。

A：是"The buck stops here"，是"Position with yes/no authority"。

C：是"In the loop"，是"Position involved prior to decision/action"。

I：是"Keep in the picture"，是"Position that needs to know of decision/action"。

"责任止于此"（记得杜鲁门总统的座右铭"The buck stops here"）吗？他是整个国家的A。如果以图形来表示，图2-5最合适。

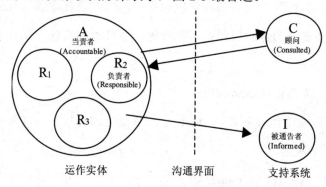

图 2-5　角色与责任的图解

左边的 R 与 A 是实际上在推动各种活动的运作实体，分别负起责任，完成各项任务。同时，他们通过中间沟通界面，在右边取得协助与支持系统：其中一个是"事先咨询者"C，他提供宝贵资讯与经验，乃至更多协助；但无否决权，这个 C 常是高职位者，通常运用的是影响力而非权力。另一个是"事后告知者"I，如是人事，可帮忙找人；如是财务，可给资金；如是后续计划主持人，亟需资讯等，他们都需要知道你的重要进度。

在下一章中，我将详细讨论分析 RACI 的应用。

回顾与前瞻

本章第一节的"同心圆"模式，获得许多读者与学员的热烈回响。一个很负责的人，如果不能继续往上提升到当责的境界，就很容易像陨石般坠落到保护主义者、受害者，甚至一直到图 2-3 中仍未提及的"0%的责任感"者——这些人不只连权力责任都不要了，他们还可能自残自废自困，总是期待别人的协助或施舍。

数学模式也很受欢迎，许多人看到 0.6 一直乘下去会变为零，都瞿然而惊；但，看到最后一项"由受害者转当责者"，仍有机会转为无限大时，也充满着转型希望，与期待转型后最后的赢。

这个最后的赢，其实也有挑战期限制的，记得在一次为期两天的研讨会中，第二天一早，这位数百亿级公司的总经理就提出挑战，他说：如果 0.6 乘太久了，1.05 是很难再救起来的！诚哉斯言，一针见血；"受害者循环"是不能待太频或太久的，否则还是难救起的。

当责如果用在自我提升上，其实连 5%都太多了，日本最大网路购物公司的乐天市场，是三木谷浩史先生创立的。他说，如果你每天都成长 1%，一年后就会比现在强大 37 倍，数学式如下：

$1.01 \times 1.01 \times 1.01 \times 1.01 \times \cdots\cdots$（乘 365 次）$= 37$

又是一件令人瞿然而惊的事。

你不相信吗？如果从今天起，你每天比前一天增重 1%，一年后的今天，你会增重达 37 倍。

谁要为你的学习负责？让我们为自我学习负起责无旁贷的当责，如果你 30 岁，已停止了学习，你是 30 岁的老人；如果你 60 岁，你仍学习不辍，你是 60 岁的年轻人。

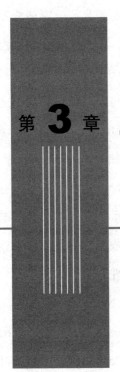

当责的
一个关键性应用

第 3 章

责任可以图解吗？以当责为主的"锐西法则"（RACI）厘清角色与责任，已在许多大小企业中协助大小项目管理；与时俱进，"锐西法则"应正名为"阿喜法则"（ARCI），本章给你许多故事，再加 11 个精彩的应用实例。

当责的一个重要而具体的应用是用于"责任图解",用的是前一章所介绍的"锐西法则"(通称为 RACI Matrix 或 RACI Technique)。锐西法则要帮助澄清的是:**谁负什么责任**(**who is responsible for what**)?责任可以图解吗?波曼与迪尔(L. Bolman & T. Deal)在他们 1987 年的著作《认识与经营组织的当代之道》中,首先提出了 RACI 的概念。在当时,R 代表负责(Responsibility),A 代表批准(Approve),C 代表咨询(Consulted),I 则代表告知(Informed)。

R 是真正的执行者(即 doer);要了解实况、分析状况,以发展出各种可行方案,提出建议,然后向 A 寻求批准(Approval),再去执行;其间与 C 做双向沟通,多方讨论,取得咨询;并在事后通告 I 各项进度与成果。于是 RACI 逐渐形成一种"责任图解"的模式与工具,也成了商业流程规划的一部分了。

后来,RACI 有了一些演变,R 代表负责(Responsible),A 则由批准(Approve)转变成当责(Accountable),C 也由咨询(Consulted)变成贡献、资助(Contribute),或同意、认可(Consent),后来又回到咨询(Consulted),I 则一直都是告知(Informed)。

至于英语词态,就很奇怪;名词、主动词、被动词、形容词还杂用动名词的,就荤素不忌,没有章法了。

RACI 的一般应用案例如下所列。

☆ 早期,最通用于软件设计业。例如,老板想到了一个好主意,于是立刻找来三、五个部属,分配工作,分头进行;工作一阵后,有了初步进度或结果,需要有人批准,然后才能再往下推动。大老板太大,于是找来另一个官来批准(approve)。之后,发现既然能批准,当然要负责,要负责就得更主动积极些,于是又成为当责(Accountable)。同时,老板也找来学验俱丰者,作为顾问(Consulted)。工作有了进度或结果后，也要通告有关人等(Informed)。RACI 于焉形成，成为一种责任图解、工作模式或作业流程。

- ☼ 微软公司用于流程管理；如在 MOF (Microsoft Operations Framework) 中，多处推介使用。
- ☼ 杜邦公司常用于项目管理、年度计划之规划与执行及跨部门与跨国项目管理。
- ☼ 美国几家大型石油公司及许多医药公司盛用于项目管理与产品开发。
- ☼ 技术沟通学会及项目管理学会(PMI，即 Project Management Institute) 推介使用于项目管理中之角色与责任的澄清。PMI 还认定 RACI 是执行项目的成功要素之一。
- ☼ 美国环保署用于大型计划的规划与管理，RACI 可长达十数页，将于下节再详述。

综合来说，RACI 的技术除一般的流程与项目管理外，尤适用于新计划的有效启动，或混乱老计划的理清头绪、拨乱反正。

RACI 的架构越来越清楚，也越来越有用；但，RACI 本身的用字次序与用义却开始有了问题。专门为软件工程业提供管理服务的爱捷顾问公司(Agile Management)的安德生(D. Anderson)2006 年初，为文急呼应为 RACI 正名为 ARCI；因为 ARCI 才能更精确地把"当责者"(Accountable)，名正言顺地摆在首位。他发现，很多软件业老板在推动项目时，急切地找到工作者(Responsible)来工作，却常忽略了"当责者"，导致工作更难推动，也难保效率与效果。所以，应以 ARCI 清清楚楚地摆正焦点在"当责者"上。所以，"是 ARCI，不是 RACI。"

其实，更早之前，在大西洋彼岸的英国商业部的 ITIL 学会(信息工程基础建设学会)已在他们的所有管理技术文献上，全都改成了 ARCI。在微软及许多公司的 RACI 定义上，也总是把 A 排在第一位而进行定义。管理学家多波特(Dr.

D. Daupert）在《工作中的创意》书中论及"解决问题的创新流程"时，也早已使用 ARCI，而非 RACI 了。

"当责"的概念，在华人社会中尤为重要。最近几年来，在华人世界的许多研讨会中，我都在使用 ARCI，并音译为"阿喜法则"，让"当责者"与"负责者"的角色扮演，乃至权重次序更清楚明白。于是，在有些公司中，老板在派定经理人执行项目时，经理人从此还会主动厘清："我是 A，还是 R？"所以，要更清楚地整合各自为政的 R，要消除各 R 之间的许多白色空间，要更强烈导向一个集体成果（collective results），我们需要一个对当责有正确而强烈认同的"当责者"（即 A）。把他摆在第一位，然后要他找到适当的 R 们来进行工作。固然，他很有能力，但有些事无法亲力亲为，也不能独断独行，所以他又找到（或被授予）C——除了防止专断偏断，也可取得许多宝贵资讯与经验，乃至于行政官僚上的支援。最后，他要跨出他的熟悉圈圈，对外"报告"，乃至要求"支援"，所以又有了 I（Informed）。

在 ARCI 中，各词的定义与 RACI 的一样；但，为了对照，也为了更精准地释义，表 3-1 特地以英文列出，以供有意者深思。

表 3-1　RACI 英文定义

Accountable："A"	The individual who is ultimately responsible. Includes Yes/No authority and veto power. Only one "A" can be assigned to an activity.
Responsible："R"	The individual(s) who actually completes the task — the doer. Responsible for action/implementation. Can be shared. Degree determined by "A".
Consulted："C"	The individual(s) to be consulted prior to a final decision or action. Two-way communication.
Informed："I"	The individual(s) who needs to be informed after a decision or action is taken. One-way communication.

这个定义广泛用于美国的微软、杜邦、医药业、石油业、PMI 英国 ITIL 及许多国际管理顾问公司。

"当责者"的 A 是拥有决定权与否决权的。有了权力，当然相随的是责任——即，所决定与否决的事的最后成败责任。"负责者"的 R 是个执行者、工作者，首要是 100%拥有工作的责任感；但，也不仅于此，因为本身责任之外，还有对所谓"个人当责"（personal accountability）与"个体当责"（individual accountability）的抉择与追求，我将在第 4 章、第 5 章中进一步讨论。

此外，C 真的是没有否决权吗？

这点有时引发争执。因为，C 通常是更资深主管，甚至是顶头上司；但，此时 C 如果要改变 A 的决定，常用的管理技巧是彼得·德鲁克名言的三大力量："影响力，影响力，影响力"。

想想看，如果 C 忍不住越"权"而行使了否决权，那么，猴子(责任)又立即跳回 C 自己背上了；因为 A 会说：我现在只是在执行老板的旨意。这不只无法强化部属(此时是 A)的执行力及对成果的负责力，也无法培养部属的领导力，还可能对部属的信任与信心造成伤害。许多中高层主管常在这些关键点上自乱阵脚、自毁阵营，把角色与责任关系又弄回一片混沌的世界了。

下面 11 个应用概念或实例，将有助于应用的实践。

3.1　ARCI 应用实例：大船出航

你应该没有管理大船出港的经验或机会吧；但，下例仍不失为好例，就当是我们的 ARCI 大船要出航吧！希望出帆快乐顺利。

如果有一艘大船正要离港远航，那么，有哪些重要工作或决定要进行？角色与责任又如何厘清？

请看下表 3-2 的"责任图解",这张表是从网络下载的,原文并无一字说明,于是我做了进一步的解释。

表 3-2　大船出航责任图解表

工作/决定/里程碑	船长	航海长	一等航海士	轮机长	事务长	粮储官	港务局
1. 绘制航线图	C	A/R	I			I	
2. 订购粮食补给品	C			C		A/R	
3. 订购燃料油	C			A		R	
4. 取得出航许可	A			R	R	R	
5. 扬帆起航	A	C	R	I			
6. 由领港员取回控制权	A/R				C		I

在第 1 项工作的绘制航线图中,负有当责(A)的是航海长,因为编制或工作特质,他自己同时也要是工作者(R);当他工作遇到重大决议点或需采取某一重大行动之前,他需要咨询船长(C),最后做决定的人仍是航海长,因为他是 A;做成决定或完成大事后,他要通知航海士(I)与粮储官(I),但不必通知事务长或轮机长——因为他们没列为 I。这项工作指的是"绘制"航线图,应与早已订定的航行目标或策略无关。

其他的观察结果,还有如下几条。

☆ 在横向 6 项工作/决定中,从第 1 项到第 6 项里,每一项工作都只有一个 A,这个 A 要做决定;每一项工作都会有一些 R,工作在他们手中执行着;但,C 与 I 不一定能落实到人——能免则免,避免公公婆婆太多,无聊地指指点点;或通告满天飞,事不关己、无人闻问。

☆ 在纵向 7 栏里,船长担负有 3 个 A,3 个 C,还有 1 个兼职的 R;不是一般责任分配中,常见的日理万机、巨细靡遗的 6 个 A!而轮机长、航海长、粮储官则分别各承担一个 A。如果，经此图示后，你发现有人只有 C 与 I 的工作，没任何 A 或 R，那么他可能太闲了。

☆ 横向工作分属不同职位功能或人员，所以在大型组织或项目中，每一项横向工作，常成为一种跨功能的团队运作。

3.2 ARCI 应用实例：微软的一个绩效改进计划

这个计划是个集体性努力，有横向 12 项工作与纵列 4 种角色。微软公司希望把谁做什么？（"Who Does What？"）在计划的起初规划中，就说明清楚，于是表 3-3 的"责任图解"就成为一个简单而重要的工具了。

表 3-3 绩效改进计划责任图解表

任务 (tasks)	构架师 (architect)	管理人员 (administrator)	开发人员 (developer)	测试人员 (tester)
1. 绩效目标	A	R	C	I
2. 绩效模式化	A	I	I	I
3. 绩效设计原理	A	I	I	
4. 绩效建构	A	C	I	
5. 结构与设计审查	R	I		
6. 规章制定			A	
7. 特定技术之绩效专题			A	
8. 规章审查			R	I
9. 性能测试	C	C	I	A
10. 调整改进	C	R		
11. 除错	C	A	I	
12. 开发审查	C	R	I	I

比尔·盖茨退下微软的 CEO 后，曾当过微软的董事长兼"首席软件构架

师"("Chief Software Architect");上表 3-3 中的构架师(architect),官名与盖茨属同一族,理应也是责任重大,在 12 项工作中有 4 个 A、4 个 C、1 个 R,比当(或兼)12 个 A 的,会有更高的效率与效果。有一些工作项上没有 R,于理不合;但,可能另外有定义,例如:A 也要兼 R。

3.3 ARCI 应用实例:美国环保署的一个大型项目

美国环保署(EPA)在项目中使用 ARCI 这个工具的目的是:一、让团队成员更了解他们是被期待完成什么?二、防止事情从隙缝中溜失;三、授出适当的责任与权力,以确保工作执行成功。所以,他们从项目刚一开始就应用 ARCI 技术了。此外,因 EPA 是政府机构,当然也受 GPRA 法案的影响了。

这个总长达十几页的"责任图表"中,我只取出其中一小段以作为应用参考与讨论(见表 3-4)。

表 3-4 大型项目执行责任图解表

活动	项目领导人 (Project lead)		R A C	O E C A	O G C	项目办公室 (Program Office)	赞助者 (Sponsor)	州 (State)	利害关系人 (Stakeholders)
	总部 (OR)	区域 (Region)							
4.0 FPA 开发									
4.1 召开 FPA 启动会议	C	R	I	C	C	C	A/R	C	C
4.1.2 所有成员决定有关的重大改变	C	A/R	I			C	A	C	C

(续表)

活动	项目领导人(Project lead)		RAC	OECA	OGC	项目办公室(Program Office)	赞助者(Sponsor)	州(State)	利害关系人(Stakeholders)
	总部(OR)	区域(Region)							
4.1.3 EPA确认所有成员都有XL流程的套装资料	A	R	I	I	I	I	I	I	I
4.2 所有成员发展FPA及法务的机制	R	R	I	C	C	C	A	R	C
4.3 RAC通过FPA最后案	C	A	C	C	C	C			

在上列责任图表中，最上横列的职务或人员，都已化为部门，有些部门名称又简化成字母缩写；但，无碍于我们做进一步的观察。

☆ 活动部分的最左纵向栏位已延伸应用到"流程"乃至更细的"程序"。全项目活动的流程及各项"次活动"（sub-tasks）都已包含，这种流程化处理有助于团员教育与沟通及系统化管理。

☆ 最上横栏的人名、职位，已延伸扩大到部门、委员会整体，甚至包含了"利害关系人"（stakeholders）。在某些公司的特别项目，如新产品开发等，也确实把"客户"纳入ARCI运作中。如不涉及机密，"供应商"甚至也在考虑之列。

- ☼ 在横向工作栏 4.1.2 中发现有两处 A。两个 A 是否造成问题？EPA 在此的解释是：他们希望区域（Region）的 A 只是确认：决定或行动是否确实在进行，真正的 A 还是回到事业赞助者（sponsor）身上。
- ☼ 你发现 C 与 I 特别多吗？也许这正是政府机构的特色吧。在讲求效率与效果的私人公司中，通常会尽量减少不必要的 C 与 I 的。
- ☼ C 与 I 虽然也代表时间成本与人力成本，但不能牺牲掉重要的沟通。

3.4 ARCI 应用实例：跨部门团队

下例，表 3-5 中，最上横栏的部门、职位乃至人名有了更具体的描述。

表 3-5 项目的角色与责任图解表

活动	销售				技术			制造	行政
	副总	经理	业务员	技服员	副总	经理	技术专员	经理	经理
1. 开发新产品	A	R			C	R	R	R	I
2. 兴建新厂	C		R		A	R		R	I
3. 争取新客户	I	C	A/R	R					
4.									
5.									
6.									

第 3 项活动的新客户争夺战是属较单纯的部门内活动，表 3-4 中显示的是，这个业务员负有最后成败的当责——因为责任范围并不太大，所以自己也兼了 R，但还有一位技术员也是 R，是在帮他忙。这个 R 在许多实例中，其实也非

占据他100%人力,而可能只是40%;亦即,每一周的工作时间中,约有两天是在这个项目上——他是戴了两项帽子(wearing two hats)。

业务员A遇到重大决定或重要行动之前,一定要咨询C的销售经理——也是他顶头上司。至于老板的老板——副总,因为是I,所以事后是成是败告诉他就可以了,事前不必啰唆。

第一与第二项活动,显然都是跨部门活动。跨部门活动知易行难,常成很大挑战;ARCI正可协助厘清各成员的角色与责任,跨出比较稳当的第一步。如果ARCI的责任与角色弄清楚了,当责的真义也弄清楚了,其实,你并不必太在乎R的位置——不只跨部门,跨国运作都是可行的。

我将在第10章中详细说明跨部门团队的运作。

综合以上4例,我们可以发现,ARCI应用的目的,无非在阐明:谁负责什么?(Who is responsible for what?)或更简洁些,谁做什么?(Who does what?)并且更精准地定义介入的程度,及当责者之所当为。企业运作在这一部分常形成白色空间,或称灰色地带,严重威胁执行力的贯彻与最后成果的攫取。

综合来说,ARCI责任图解的基本模式是如表3-6所示之矩阵。

表3-6 ARCI责任图解基本模式

详论之,各部之详细意义则以表3-7来做分析。

表 3-7　ARCI 责任图解实例

决定/功能/活动 \ 功能性角色	完成一个活动或次活动所派定的角色或职位				
完成一个商业流程的一系列活动或次活动	R	A	C	I	
	A	R	R	C	C	I	I
	C		R	C	C		A
	C	A			R		
	I	C	R	A		C	R
		I		C	R	A	C

先对表 3-7 的 ARCI 责任图解做"水平分析",亦即,分析每一个活动/次活动的功能性角色。

☆ 如果没有 R:工作没人做,大家等着要批核,等着被咨询,等着被告知,没人把工作当成自己的,除了 A 外。

☆ 如果没有 A:没人总其成并负全责——虽然对少数某些支援单位仍可能适用。A 是有资格限制的,但只要资格相符,A 应尽量往更下阶层选任,以适才适任,并权责相符。

☆ 如果太多 C:真的需要这么多"顾问"吗?顾问咨询也意味着时间流失、成本增加,确实值得吗?

☆ 如果太多 I:真有这么多人需要正式、定期告知?可否改为例外通知或不必通知?应以实际的工作需求性为基准订定,不是因为他是"三朝元老"。

☆ 如果太多 A:只能有一个 A——虽然仍有少数例外。超过一个 A 时,常属过渡期或特殊例,需特别定义。

然后,我们再做一个垂直分析;亦即,针对各个人或部门的责任分配状态做分析。

- ☼ 如果太多 R：这个人真能够、也确需要执行这么多工作吗？这些活动可否进一步拆解或简化，以更利于管理？
- ☼ 如果是满格：这人需要介入这么多活动吗？C 可否降为 I？I 可否取消？
- ☼ 如果没 A 没 R：如果这是一个直线而非幕僚职位，应考虑废除或增强这人/职位的功能？
- ☼ 如果太多 A：有适当授权吗？这人是"以天下兴亡为己任"？"能者多劳"，早死？确需日理万机？有些 A 可退为 C 或 R，甚至 I 吗？
- ☼ 资格符合度：参与的形态与程度符合这个人的个性与能力上的整体资格吗？

希腊哲学家亚里士多德（Aristotle）说："没有图示，就没有深思"（"The soul never thinks without a picture"），一代思想家也要藉图做思考，况乎我辈凡人。亚里士多德还有个著名学生，名叫亚历山大，就是后来建立了横跨欧、亚、非超大版图帝国的亚历山大大帝。亚历山大大帝对"直线责任"也有精辟见解，详见本章第 9 节。

ARCI 所形成的"责任图解"让我们从各种角度思考，让角色与责任乃至责任的分野更加精准，绝对有助于各项工作/活动的成功执行。

3.5　ARCI 应用实例：当责在组织内的上下传承

在现代西式经营里，一个组织的最高权力者，不论实质上或法律上都是：CEO（首席执行官），不管是董事长或总经理兼的，甚至有副总兼的。谁兼 CEO，谁就是这个组织的最高权力者，对这个组织的兴衰凌替负有最终责任。在中国台湾，比较复杂些，真正的领导人可能是董事长，也可能是总经理，所谓的 CEO 则是自封的；法律上的负责人就是董事长，不理会一位自称是 CEO

的总经理。

一个有当责的组织(accountable organization)的最高负责人当然是 A，但他也不能独断独行，他要有 C，如董事会、委员会或内部外部自聘他聘的顾问；他还有 I，要对 I 做经营绩效与重大讯息的报告，这个 I 通常是不同程度的"利害关系人"。狭义的利害关系人，通常指员工、顾客、股东及社区居民，广义的则更包括广大群众、政府、媒体及各纳税人了。

CEO 的 R 就是他的政策执行者(doers)，包括各个副总、事业部总经理及各大项目负责人等，这些人是组织内的关键人物，他们不仅仅是"协助"CEO，更是要有独立执行力、要交出成果(要 deliver！要 get results！)的。所以，这些虽位阶属 R 的"关键人物"回到他们自己的组织中，就摇身一变，成为一个不折不扣的 A 了。他们在他们的辖区内担起当责，同时承担所有"天助我也、天亡我也"的事，不论是否天助、人助或自助，总是要完成目标达成任务。在他们的团队中，当然还各有其 R、C 与 I，正如表 3-8 所示。

表 3-8　"当责者"的传承

组织内最高管理阶层	A Ⓡ C I	例：A：CEO R：VP 或 VP/GM C：董事会、内外部顾问、委员会 I：利害关系人
次高管理阶层	A Ⓡ C I	A：VP 或 VP/GM R：经理们 C：CEO 或内外部资深者/顾问 I：部门内、外适当人选
其他管理阶层		

那么，第二层的 R 回到他们更小的组织中是否又也成为 A，又有他们的 R、C 与 I 呢？如此这般，没完没了——也不尽然。再下去，常有一种所谓的跨功能/部门团队（cross-functional teams）运作。跨部门团队常常跨越部门、跨越组织、跨越国界，也跨越层级，跨越了传统管理。ARCI 是跨部门团队运用的重要工具，应用所及无远弗届，也常没大没小的；其中案例如，格鲁夫（Andy Grove）在英特尔当 CEO 的时代里曾亲自下到一个团队里当 R 做事，然后报告给他的 A；此时，不是官大学问大——在团队里他可只是一个 R。

跨越组织的案例如：许多大公司的供应链团队，不只包括客户，还包括供应商——跨越组织与层级如此这般、又没大没小，也就不易发生自我设限，上级压下级，官大一级压死人的事件了。

3.6 ARCI 应用实例：管理关键性营运重大案

彼得·德鲁克在 1963 年写成了他著名的管理书《卓有成效的管理者》（*Effective Executive*），力倡有效的经营者一定要建立正确的优先次序（priority）。他也提出了订定优先次序的几个原则、执行方法及当情况与事实已改变时如何应变等。德鲁克念兹在兹，在他 2005 年辞世前的最后一本著作中仍在提醒经营者，不是在追求充分的情报或资讯分析，而是要有勇气做出决定，做出有优先次序的决定。德鲁克又说：做出优先次序其实还是比较容易的，更难的是做出"排后次序"（posteriority）——决定什么不做，决定把别人的最优先排到组织的最后——多大的勇气！

好，如果你已经决定贵组织今年度六大重大营运项目——或所谓"重大案"（Critical Operating Tasks），是指如有闪失，则后果严重，年度目标可能就难以达成的。表 3-9 的 ARCI 应用可以在角色与责任的厘清上提升人员的执行力。

表 3-9 年度重大案管理

策略目标	年度大案	评量方法及里程碑	对年度总目标的影响	A	R	C	I	所需资源

应用的关键是在决定攸关年度总目标成败的数个重大案（比方说，通常不会超过十个，不管你组织有多大），在"重大案"选出后，一定要选定"当责者"（即 A）。当责者负起全责，找出适当的 R、C 与 I，以推动项目。明订各项数字数据，争取所需资源，看好"负责者"，尽力照顾好白色空间。这个大案成败的关键就在 A；A 不能责怪 R 的无能败事，不能责怪 C 的建议误人误事，不能责怪 I 在被通知后仍无声无息。

如果你是大老板，看的是全公司大势，则表 3-10 责任图解有助你一目了然大势。

表 3-10 重大案责任的图解全貌

重大案 \ 重要参与人员	1	2	3	4	5	6
一、	R		A		C	I
二、	A	R		C	I	C
三、	I			C	R	A
四、	C		A/R	I	R	
五、	R	I	A	C		
六、		A		C	R	C

在这些"重大案"管理中，如果有些"要员"觉得自己忙坏了，却又没有A，只有一堆C与I，如表3-10中的要员4。那么，要员4可能是"位高权重责任轻，打球打到手抽筋"类型的。又如有数个A的，如要员3，就太吃重了，他确实很辛苦，放出一些A吧？如果有要员总是很自然地不会被派定A，如要员5，那么这个要员的"资格"可能需要再审查或再培养、再加强了。横向水平线也瞄一下，一个案子有两个A吗？会造成双头马车、权责困扰吗？或者确定要学学戴尔公司的"two-in-a-box"模式？要小心的是，其在国内、国外失败的特例仍是偏多的。

3.7 ARCI应用实例：如何建立ARCI矩阵的模式

建立ARCI责任图解，基本上有7步可供参考。

1. 确认关键性商业流程、功能、决定或活动，进一步分析这些流程与活动，视需要再细分成细项工作。此部分将成为ARCI矩阵之最左垂直栏目，计划较大时可能绵延数张纸。

2. 确认需介入的人员、职位或部门，列成ARCI矩阵之上端水平栏目。

3. 建立中间区之角色与责任草图。最先只是先与少数决策者进行，将A、R、C、I排入矩阵图之中间部分。

4. 召集所有参与人员，召开ARCI会议。说明、沟通并解决矩阵"草图"中在流程/次流程、活动/次活动、人员/职位角色及ARCI责任分配中的问题与建议，达成共识。

5. 建档业已成共识之ARCI矩阵责任图。复本分送所有参与者及相关支持

部门，公告周知，确定没人装迷糊。

6. 继续在后续会议中沟通、强化 ARCI 责任图解，以及当责的责任观。

7. 继续追踪。确保 ARCI 关系的正常运作，鼓励参与人员遵守该有的角色。如有需要，则在过程中重审角色与责任，重建责任图解。

ARCI 在运作时，也有一些重要的行事准则，具体如下。

1. 记取这种以"当责"为主而形成的新哲学、新文化。我们要：

☼ 尽量减少重复、官僚的："'核对者'核对'核对者'"（checkers checking checkers）——一个案子如有 20 个签核，谁该负全责？

☼ 尽量减少"多层式辗转报告"（multiple reporting）——你玩过报告经三、五人后，完全失真的游戏吗？

☼ 鼓励团队合作；

☼ 不追求 100%的精确度。

2. 尽量将 A 与 R 派往可能的、最低的阶层；让上层人员不虚揽工作，下层人者权、责、利益相符。

3. 每一个活动只能有一个 A。

4. 权力必须与当责相随，当责者要获得适当授权。

5. 尽量减少 C 与 I 人员的数目。

6. 所有的角色与责任必须定案、归档并完整沟通。

也许，你已经发现 ARCI 运作后，一定可以得到下列好处。

1. 因为当责观念确立，生产力（productivity）必然提升。

2. 因为减少重复与不当工作，故产能提高。

3. 因为取消不需要的层级，而且将当责放在正当的层级上，故可简化组织架构。

4. 参与人员都能加入角色、功能与责任的讨论，故形成更好的训练效果。

5. 因为有沟通界面（即 C 与 I）的建立，故可建立更好的规划流程。

6. 当责的有力责任观，加上 ARCI 的有效责任图解，必然从最基本人性面与制度面提升执行力（execution）。

3.8 ARCI 应用实例：承担当责者有资格标准

参阅图 2-5 的 ARCI 运作模式中，左边是 A 与 R 的互动方式与责任分野，中间是一个沟通界面，与右边支持系统的 C 与 I 达成互动；右边支持系统的互动方式：一个是双向的（C），另一个是单向的（I）。

左边的图形有点像猪头，像猪头是有意的、有典故的。前面第 2 章中曾谈到：不论 A 或 R，负责任都是必须有承诺（commitment）的。A 不只是对自己，还要对别人（如顾客、老板、同僚等）有承诺。这个"承诺"与"介入"（involvement）有何分别？例如，有人说"这个案子，我有介入"与"这个案子，我下了承诺"，两者有何分别？我们常举用西式早餐中火腿蛋的故事：对给出火腿而言，猪是下了承诺（commitment）；对给出鸡蛋来说，鸡只是介入（involvement）。

有了承诺，才会有当责；有了当责，才会有成果。没有当责，却有了成果，那只是运气——职场老将，如是说。然乎？否乎？我将在第 10 章中讲清楚、说明白。

"阿喜法则"中的 A，有人不想当、不敢当；但，也不是阿猫阿狗都能当的。下面分享四则在顾问工作中的小故事。

3.8.1 "你就当那个猪头吧"

有位老板开完研讨会后，很有感动；回公司后，派任一宗项目时，对一位

"当责者"(A)说:"你就当那个'猪头'吧!"他的话差点引发误会,其实那是一种恭维,因那人已具备资格,足以承担此重任了。

当 A 确是要有资格限制的,不是想当就当,也不宜想推就推。想当 A 至少需对下列 4 项要素很有概念:如组织的运作与企业文化、专业领域中的专业能力、管理的基本及更高知识(当然含当责)与管理中的软性因素如情商(EQ)、特质(当责常属其一)等。4 种因素加总后,例如,必须能达到 80 分,你才具备资格做"猪头",做 A(当责者)。

如果在组织内,找不到 80 分的;你自然就去找 85 分,或往更上层楼找 90 分的——然后就大材小用或虚浮兼职,或因"能者多劳"而硬邀"能者"再加一份可能让他灭顶早死的工作。

那么,你能反其道,找 75 分的吗?

当然可以。ARCI 运用的原则也比较希望你会找 75 分的;75 分的会闯祸吗?可能,但有 C 在运作,闯祸机会少些。别忘了,闯祸也是成长的要素之一,"容错"是一个培养领导人必备的环境。

那么,70 分的,也可以吗?也许吧,咬咬牙或咬紧子弹(bite the bullet)。

那么,65 分的,可以吗?绝不可以。他肯定还不够资格当"猪头"。许多项目执行不佳、交不出成果,就是因为有许多主管不够 A 硬充 A,该是 A 却非 A;在 A、R、C、I 中打迷糊仗,似是而非、欲迎还拒,还自觉很无辜地搞垮了大小项目。

3.8.2 "我只是个协调者(coordinator)"

曾辅导一位新产品开发的项目经理,发现角色与责任上有很大的断点(disconnect),他说:"我其实只是一个协调者(coordinator)。"我说:"不然,老板说你可是负责新产品成败的当责者。"

所谓的"协调者"应是一位在A、R、C、I 4个角色间，或几个R之间穿梭游走、折冲沟通，或随时下海支援、随时另有任用的人物；基本上是不必太负责任的，折冲有了结果上禀老板即可。论功时肯定有赏，论过时肯定可闪——因为，该说的都说了，该联络的都联络了，"我已经尽力了"。

我们进一步来看看下面"你以为，别人以为"的分析，很有趣的。

☼ "你以为自己是R，别人以为你是A"

后果：你下海猛干，发展各种方案；但，别人以为你是最终责任者，因此给你很少细节、很少原始资讯；他们期盼你在决策过程的后段才介入。

☼ "你以为自己是A，别人以为你是R"

后果：你一直在等待研究分析后的可行方案，准备做决策后整体行动，别人则正等你启动主要部分的工作，所以大家按兵未动，相互观望。

☼ "你以为自己是C，别人以为你是I"

后果：你希望有机会在决策之前，提供实质实效的意见；别人却以为你只需在事后告知即可。于是，你有许多问题每天出现："为什么没先知会我？没人问我？"

☼ "你以为自己是I，别人以为你是C"

后果：你不想介入决策过程，只想知道最后决定，别人老拉着你要意见，等待你的反应；于是"李大老怎么说？张老大说什么？"无端让困扰滋生。

这些"你以为，别人以为"的戏码，每天都在侵蚀许多组织的领导力与执行力！ARCI正是要帮你解决这些R&R的问题。

天下仍然没有白吃的午餐。如果你是一位产品经理(PM)，你认清了当责真义，愿承担当责责任，以ARCI厘清角色与责任。那么恭喜你！项目成功后，你这位PM未来可能成为事业部总经理，或世界性品牌经理，乃至公司总经理。

但，你如果觉得承担"当责"太沉重，也不想打迷糊仗，你可以缩减责任而更专注于特定专题，如：消费端议题，通路问题，或工程与技术上课题，或者成为如图 3-1 所示的团队领导者（team leader）——或者称，比一般 R 多些责任的大 R 吧。问题是：这是过渡期。总有一天，你一定要承担起当仁不让般的当责。在未来，你无可退缩；现在，就及早准备吧。

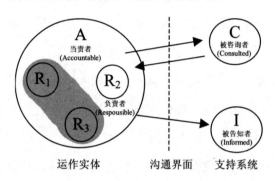

图 3-1　非负全责的过渡期领导者

你不宜站在一个自以为"进可攻，退可守"的位置以模糊责任、争功诿过、从中谋利，正如柯林斯在他的名著《从优秀到卓越》中所说的"窗子"与"镜子"——当逆境时，看窗子，找代罪羔羊；当顺境时，看镜子，沾沾自喜。郭台铭说，他不用有许多退路的人。诚哉斯言，有很多退路的人通常是没有前途的人。

时也，势也，当责不让。

3.8.3　"他是我公司这领域最资深的人"

曾经跟一位老板说，他这个重要项目很难成功；或者说，可以做得更好。因为，项目经理显然不适任。老板说："这个产品项目很重要，所以这位项目经理是我公司里最了解产品、最了解市场、最了解客户的资深经理。"

包熙迪与夏蓝在他们的《执行力》书中畅言，企业界的通病是：把错误的人放去执行公司策略中的一个关键部分。（Put the wrong people in place to execute a key part of a business's strategy.）

当你发现公司内一些饶有能力与经验的资深人员已日理万机，疲于奔命；或功劳等身，不屑再加一笔；或经验至上、不想再学新玩意；或年华老去，精力不再，热忱也不再时，就该明白传承的时候到了；或者，已过去了，已太慢了，该急起直追，避免青黄不接了。

承担当责，除了对当责意义的真正了解外，要有承诺，要有热忱（enthusiasm）——文学家爱默生（R. W. Emerson）说："自古以来，没有热忱就不可能成就伟大。"（Nothing great was ever achieved without enthusiasm.）

ARCI 可以帮助你解决这个困境：你为什么不让这位学验俱丰但热忱已褪的老将当 C？让那个冲劲十足、渴望成功却只有 75 分的老王当 A？

下文概述 A、R、C、I 的几种人格特质，或适任资格。

A（当责者）：充满热情、积极进取、有执行力、有领导力……

R（工作者）：专业专注、技术本位、充满活力与工作意愿……

C（咨询者）：学验俱丰、德高望重、影响力、说服力……

I（告知者）：承接后续性工作强、支持力、服务力……

在组织中，尽量把 A 与 R 的阶层往下推，推到资格将出现问题前为止，才是个上策、良策，可惜总非许多组织的决策。如果你还是偏爱老将，不让老将退为 C；你会失掉许多小兵立大功的良机，失掉许多培养领导人才的良机，还可能贻误项目的执行力！

3.8.4 "别让猴子跳回自己背上"

记得有次在台北聆听台积电张忠谋董事长演讲,他提到有次他在一个项目上与项目经理(是副总)有很大的意见分歧,于是他与项目经理详谈;谈完后,他要该副总回去自己做决定该如何往下进行。张董事长认为这样做是正确的。

以 ARCI 的原则来看,该项目经理是个不折不扣、当责在身的 A,张董事长正是 C,也正好是顶头上司;但,C 就是 C,他不会忍不住,或急坏了,跳出来帮 A 做决定。如果,你贸然行使大老板否决权,替 A 做了决定。那么,猴子(喻责任、义务)又会跳回你自己的背上。

如果老板权责不清,属下也权责不清再加上意志不坚,那么在一阵迷糊烂仗后,当责者又掉入受害者循环之中。于是无奈问老板:"你干脆告诉我怎么做好了",然后:"我只是在执行老板的决定"——"受害者循环"中第四种典型。

当责的基本观念可以用来明辨常被混淆的"授权"("delegation")与"赋权"("empowerment")——"赋权"是许士军教授的中文译名。

☆ 授权的英文是"delegation",即分身分劳。

- 工作属下去做,责任上司承担。
- 被授权者揣摩上意,依规或依约行事;常缺独立思考与判断,有时甚至出现更强烈的依从性。
- 上司仍是 A,被授权的属下仍是 R,顶多是"大 R"。

☆ 赋权的英文是"empowerment",即全权处理。

- 工作属下去做,责任请一并承担。
- 被赋权者需有充分能力、充分资讯与充分训练;属下被要求成长,有决策权力,要达成目标,交出成果!

- 上司已然是 C，被赋权者才是 A。

所以，正式赋权后，上司就成了张忠谋董事长口中的"驾艇巡弋者"，看着一群 A(有 90 分、80 分、75 分乃至 70 分——但，没 60 分的)在游泳。泳技稍差者喝了些水，吃了些苦，但不会淹死的，上司不会跳下水帮他游、抬他游、拉他游，虽然老板可能还真的很想跳下水帮忙。

在正常的组织运作中，老板在正式赋权之后，如果仍想改变当责者(A)的意向与决定时，最好的手段有三招，是彼得·德鲁克的："影响力，影响力，影响力"，已如前述。但，华人组织中很少用此招术，因为直接下命令快多了——然后 C 重新回锅演 A，或演不 A 不 C 的迷糊老戏。总之，大有为的老板背上满是猴子，出差到了美国，满电脑都是电子邮件(E-mails)，等着他做大、下决定——有些老板虽忙坏了，却也甘之如饴，心想着："公司没有我，怎么办？"

美国总统中，赋权最成功的当属里根——虽然后来在"伊朗门"案有了瑕疵，但瑕不掩瑜；美国《财富》杂志曾把他列为企业经营管理的典范，也成为密西根大学教授提区(Noel Tichy)——也是 GE 前 CEO 韦尔奇的教练兼顾问，口中的决策/授权领导典范。里根总统在他 1987 年的国情咨文中，曾引述老子《道德经》第 60 章的话：

"治大国，若烹小鲜。"

里根让这句话，东西方俱驰名。文意是说，治理国家就像煎小鱼，小鱼下锅后，不能时而担心太熟，时而担心不透，经常左翻右翻、上翻下翻，或时而猛火、时而温火；如此这般，小鱼一定烹成一片糊涂——那时候可没有现代的不粘锅。所以，治理国家(与公司)也一样，赋权完毕就不要兀自杵在那里指指点点，对 A 有点信心、耐心与爱心吧。下面一句也是里根的话："授权后，就不要在这些人才面前挡路了。"("Delegate and get out of the way of talented

people."）如果字斟句酌、挑剔些的话，这句话中的"delegate"指的当是"empower"了。

《一分钟经理人》丛书作者布兰查曾说过一则小故事：一位老板工作量超大，周末加班埋首疾书，却瞥见窗外部属背着球袋要去打高尔夫球。看看那位部属的呈案又正在自己手里，问的正是项目怎么进行？他终于悟透：不要再装聪明强出头，不要轻易代部属背猴——背上猴子背得太多，人都不像人了，何况还得像个老板！

熟用 ARCI，去打你自己的高尔夫球吧。

3.9　ARCI 应用实例：直线责任对幕僚责任

"直线责任"（line responsibility）相对于"幕僚责任"（staff responsibility）的说法与用法，原是在军事上。据说，其是由亚历山大大帝第一个定义的。亚历山大大帝认为，作战官正是典型的直线长官（line officer），他负责完成军事目标，有指挥权，可获幕僚官的建言与服务，也能自由接受或拒绝幕僚官的咨询与建议。

在企业界，"直线责任者"通常是指直接介入生产该组织之产品或服务者。他们身处组织各阶层，在各阶层、各阶段做成决策，也为最后成果负起当责。这些人如：研发人员、生产人员、业务人员等；幕僚人员则指不直接介入者，他们提供建议、咨询、支持或服务，以协助直线责任者达成目标，他们如：品保人员、人资人员、资管人员等。

在 ARCI 模式中，C 与 I 是典型的支持系统，是在幕僚线上的。所以，当责者的 A 是"直线责任者"，负责完成企业目标，有指挥权——但没军事上那么强悍、强烈，可获支持系统的建言与服务，也能自由接受或拒绝幕僚的咨询与建议——但也应该没有军事上那么决然。

相同的是，A 不可能因 C 的建议不良导致失败，而有所怪罪。毕竟，从"建议"、"决定"到"交出成果"之间，还有段漫漫长路，还有个"执行力"的关键因子；而这个"执行力"的关键因子，正是掌握在具有直线责任的 A 与 R 身上，如第五例所述。

下述研究结论，也有很大的惕厉。

"建议"不必然连上"最后成果"。事实上，连"决定"都不必然连上"最后成果"，连大老板们的重大决策，都未必真如学校教的、报章报的那般惊天动地影响未来。柯林斯(Jim Collins)从《基业长青》到《从优秀到卓越》的长期研究中，对决策实务有深刻而精辟的见解。2006 年 6 月，他在美国《财富》杂志 75 周年庆专访中，分享了他在广泛而严谨的访查与研究后所发掘的决策"秘密"。他说："最后的总结果，事实上是得自一段时间内，一连串大大小小的决策及其后的良好执行力；而不管多大的决策，都只在总成果中占有一小分量而已。(No decision no matter how big, is any more than a small fraction of the total outcome.)"这一小部分又有多大多小？柯林斯也有进一步的"定量"描述，他说："以对总结果的影响而言，一个大决策不会像在 100 总分中占去 60 分，而是更像是占有 6 分而已；于是，其他许许多多的 0.6 分或 0.006 分一齐加总后，终于形成总成果。"

韦尔奇说："直率(condor)，是商业中最大的肮脏小秘密。"那么，柯林斯这个 6/100 的数字及其背后意义，也是公司决策作业中一个很大的肮脏小秘密了。毕竟，现代的决策世界已不像苹果下落，可利用万有引力推算：时间、速度、轨迹与落点，而是更像树叶飘然落下，各方作用力齐集，下落成了一个不断演化的过程——只是我们还是奋力在规划落点罢了。

在决策上，你可以犯错吗？柯林斯也有个有趣数字，他说："在真正的大

决策上,你可以犯错——有时甚至大错——但仍然可以胜出(prevail)","5 中对 4 就行了!"他说,他本来不知道这种事实的,现在他知道了,可松了一大口气。

所以说,交不出成果,不要怪罪别人的建议,不需依靠伟大的决策;是要靠"一连串大大小小的决策,及其后的良好执行力"。好吧,不乱怪罪,不靠大牌,但这一连串大大小小的事与人如何串起来呢?

组织最高阶层中的 R 在受权受责后,回到自己部门里即成为一个名正言顺的 A。这些在全组织中各阶层、各阶段中串联起来的当责者 A,正构成了企业组织中清清楚楚的"直线责任者"。这条直线要能确实负起当责,才能发挥绵绵密密的执行力,然后如军队般战无不摧地攻城掠地。

这些"直线责任者"从小小组长、项目经理、部门主管,连到最顶层时,就是所谓的"首席执行官"(英文称 Chief Executive Officer,简称 CEO),CEO 名称中的"Officer"本来就是军队惯用的官名,是有些霸道的成分。"Executive"源自"execute",是执行也是处决。所以有洋公司半戏言曰:"执行并交出成果,否则依法处决。"(To execute or be executed.)非戏言的是,商场如战场,CEO 的责任、压力与权威不言可喻。在国内,由于对"执行"与"执行力"的误解,或不求甚解,"执行官"常被混用为"去行动的"、"去执行我的决策的"或"营运长",而不是整个公司的 A——一连串长长大大小小的 A 连成一直线后,最大、最高的 A!

3.10 ARCI 应用实例:ARCI 的运作环境

适当的管理环境是有利于当责观念与 ARCI 法则的成功运作,进而盛开结果的。本例中要谈到几处应有的 ARCI 运作环境。

首先是，很多管理文献与管理经验的共通点，那就是："当责任被派下，且权力被授出，当责就是必然的事。"（Accountability is necessary when responsibility is assigned and authority is delegated.）这里讲的权力（authority）简言之，就是做出决定，下令行动的权利（right），所以这句话常又被简略成下面公式：

$$负当责 = 责任 + 权力$$

$$（Accountability ＝ Responsibility ＋ Authority）$$

故，"当责"与"权力"相伴而生，殆无疑义。你不能光要求当责而不授出权力。详论之，则中文的"权力"其实包含了"权"（authority），与"力"（power）两者。"权"是：决策权与行动权如上述，例如：否决某人入队，要求某人出队，派遣某人某项工作，评核成员绩效，具可用资源，拥有决策范围等。"力"的来源则是："权"的本身，再加上如：专业能力、影响力、特别关系（如皇亲国戚）、威迫利诱等，好的、坏的都有。虽然"授权"是比较偏向授"权"，其实真正能成事的是"力"——而"力"中的"专业能力"与"影响力"又更具关键。

香港中文大学出版的《管理与承担》一书中，有个有趣的例子：你有"权"开除部属，但无"力"执行之，因为那位部属是大老板的小舅子。工会领袖，"权"有限，却也"力"无穷，他可以发动大批工人走上街头，进行大罢工。所以，你是做事的？还是当官的？拼命追求或耐心等待"权"的？还是也努力培养"力"的？

ARCI的基本运作环境是：授予"权"，要求"责"，个人也要培养"实力"，下面要从4个角度来分析这个运作环境。

3.10.1 权力与责任是怎样协商的

克莱恩博士在《当责领导力》书中，撷取杰可(E. Jaques)原著精华，而提出他认为是"如水晶般清澈透明"的权责协商法，称为QQT/R，详细如下所述。

Q：Quantity —— 交出什么**数量**？

Q：Quality —— 交出什么**品质**？

T：Timeframe —— 在什么**时间架构**下？

R：Resources —— 必须得到什么**资源支援**？

QQT是老板要的，R是部属要的。双方经过协商——当责本是一种协商的双向关系——后达成协议：在什么时限(T)下，你必须交出什么品质(Q)的产品或服务，达到什么数量标准(Q)；在此同时，上司也需承诺给你多少资源(R)，这里的资源包含如：人、钱与权力等。这个合约达成后，你就承接了拥有权，许下承诺去完成目标了。

华人企业经营中是比较少协商，部属也很少要求资源；部属常在不明所以或虚心受教下屈打成招，对资源的运用没概念或比较弱，常是见招拆招，逆来顺受，"老板应知我心"，"有多少资源，做多少事"。如果老板作风强势，独掌资源，那么这种当责合约的力量就又下降很多，也成了当责运作的一项障碍。资源常常不是配下来的，是争取来的。为了要交出成果，你必须争取资源，而非日后怪罪资源——"每个人都知道我缺资源，能做到这样已不错了，虽败犹荣！"

德国管理学者史宾格(R. K. Sprenger)在他的著作《个体的崛起》中，也强调：在德国，会协商乃至争辩、争取的部属，是认真的、负责的，是了解实际状况的，是有心要达成所订目标的，是有当责意识的——这部分倒是老板们也要加强思考的。

所以，在老板与部属之间，在 QQT 与 R 之间，应有协商以建立责任的基础环境。

3.10.2 资源不足怎么办

号称是英国彼得·德鲁克的领导学家阿代尔（John Adair），有一次被蒙哥马利元帅问到："什么是策略的第一守则？"阿代尔反问："你认为第一守则是什么？"蒙哥马利就直言了，说："负责发号施令的人一定要确定：策略所需资源，能确实取得并且能控制。"可见在沙场老将眼中，资源对一场大战的胜负有多大的决定力！

中国古时军事专家说："大军未发，粮秣先行。"现代企业家郭台铭也说过："经营管理的工作就是取得资源、运用资源、分配资源；经营管什么？就是管资源。"

在前述 QQT/R 的协商中，如果你的专业能力与管理能力都已足够，那么完成 QQT 应无问题了。但，你还要争取资源（R），资源除了人与钱外，还包括组织的各项有利软件、硬件……乃至上级支持。很可惜上司通常很难给足资源，于是在 QQT 三项上就必须做出改变，甚至妥协，才能达成协定。

但，如果在极力争取后，你的资源仍是不足，怎么办？

方法之一是：各显神通，思考如何与人共用、借用或交换资源，以更积极、更健康的态度去面对它，也还是完成任务。

哈佛教授塞蒙思（R. Simons）在他 2005 年的新著：《组织设计的杠杆原理》中有段精彩论述：如果你"所负的当责"（span of accountability）已大过了你"所获授权及可支配资源"（span of control），你还是能完成了任务，那么，你是"创业家"。这当责与授权/资源，两者之间的差距，又称为"创业家差距"

(entrepreneurial gap)。主其事的经理人成了创业人——内部创业人或至少是具有创业家精神的经理人,在现代企业经营中已屡见不鲜,甚至已渐成趋势了。不过,塞蒙思教授也提醒:这种"创业家差距"如果太大,可能造成功能失调,滋生挫折感与失败恐惧症。经理人的人格特质是一个很重要的考虑因素,塞蒙思教授也建议经理人要提升"影响力幅度"(span of influence)以与别人或别部门互动并影响,也跨部门/层级吸取资讯,发挥影响力。

所以,如果你能顺利取得所需资源,太幸福了,你就勇敢承担当责,打好一场战吧;如果,你无法取得足够资源,那也不是世界末日,与人共用、借用或交换资源,如孔明借箭;发挥智力、影响力与创业家精神,仍然可能打赢一场战的。

宝洁(P&G)公司一位CEO说:

"强人的评判方式是:他们的影响圈(circle of influence)大于他们的控制圈(circle of control)。"

美国管理学大师麦斯威尔(John C. Maxwell)说:

"领导力的真正评量方式是:影响力——不再加多一项、不再减少一项。"

3.10.3 绩效考核为什么是必须的

当责与绩效、成果总是不分离,所以加强与提升当责最有效的方式是成果要评估、确认,也需要报告。

哈特曼(A. Hartman)在《铁腕执行长》(*Ruthless Execution*)中也提出:

"要加强与提升当责最有效的方式是:设立一套最可行的系统,以评量成果。"

要推动绩效考核其实也蛮难、蛮烦的。成了就成了，还评估什么？败了就败了，再评也是枉然！他是我创业/革命伙伴，怎么评？乃至于……"根本没时间"。但，如果要确实推动绩效考核，下面有 5 项建议。

☆ 进行有定时、有正式形式且双方都已预做准备的绩效评估。依规定，时间到了，两者就必须辟室密谈两小时。管他是宿仇、密友、革命伙伴或旧日老板……一切依照公司流程走，轻松愉快。

☆ 也及时评估一时的成功点与短缺处。

☆ 有经常性沟通。经常提出非正式的回馈（feedback），不要等待期末"惊奇"（surprise）。

☆ 如可能，也预先提"前馈"（feedforward）及建议。

☆ 在评估流程中，随后加上包括学习、成长、发展的规划。

3.11 ARCI 应用实例：什么时候用 ARCI

用 ARCI，大抵有如下几点考虑。

1. 用于较重大、较复杂、权责易混淆的计划；故，不应凡事 ARCI。

2. 用于计划一刚开始的规划阶段，随后的沟通阶段及进入执行与最后的绩效评估等各阶段中。

3. 虽开始未用，但在执行阶段中，冲突频生时。ARCI 的及时介入，有助于拨乱反正、正本清源。

4. 有成员已预见未来将有角色与责任的冲突，则宜事先筹谋、预做澄清，制潜敌于机先。

5. 团队成员对当责的观念及 ARCI 模式有充分认识，并有充分前置时间；否则，不宜半调子投入，照本宣科、徒具形式，徒生更多弊端。

回顾与前瞻

授权不是艺术,是一套方法论,是一个流程,一个模式:ARCI 就是最清楚的模式。

但在 ARCI 中,A 与 R 的互动仍存在着一些(艺术),这些艺术在这个架构上公开而互信的讨论与执行后,会越来越有成效。在企业经营实务上,从授权(delegation)到赋权(empowerment)仍是漫漫长路。但新时代的兴起兴新世界的险峻,应该可以加速在这个方向上的脚步。

我常在许多研讨会(workshop)中,问我的大小客户们有关 ARCI 的问题,例如:

☼ 在 ARCI 中,最大的官常在哪里?通常大声回应的:C!

☼ 在 ARCI 中,真正在做决定的会是谁?通常大声回应的:A!

☼ 在 ARCI 中,对这个案子了解最多的人是谁?通常大声的回应:A!

A,你准备好了吗?C,你什么时候放手?

以前没走过的路,并不表示未来不能走;以前走过的路,未来反而常是不能走的。

开展一个层层跃升的应用领域

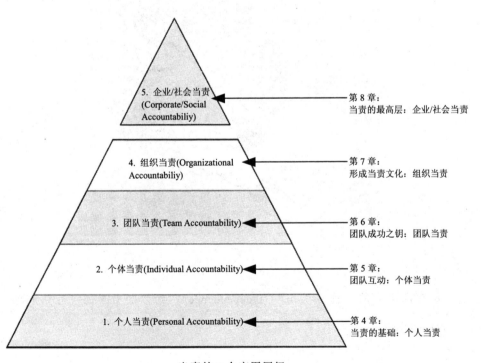

当责的 5 个应用层级

从艺高胆大的"独立工作"(independence),到效能相乘的"互信互赖"(interdependence)。

在第一篇"迎接一个翩然来临的当责时代"中,我们了解了当责的字源原义、延伸意义及现代应用;也由三种运作模式知道如何避凶趋吉——如何避免陷落"受害者循环",活出当责不让的成功事业与人生。除了个人运用外,当责也化为ARCI工具,在团队中厘清角色与责任,带领团队交出集体成果。当责时代已隐然成势,如山雨欲来。

本篇中要解构、分析当责大局;所以,再把当责细分成5个层级,如下图所示。

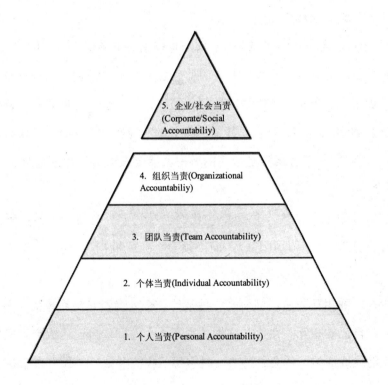

当责的5个应用层级

本图架构参考并改进自:美国 GPRA 资料

虽然有5个层级之分,但当责的基本定义——由惩罚性转为鼓舞性,由消极变成积极；当责的含义——相互关系、要求成果、要求报告、建立信赖、承担后果；及当责的目的——避开受害者循环、迎向绩效与成果，在各层级都始终维持不变的。5个层级中，又以个人当责（personal accountability）最为重要，它占据了推动当责运作的核心地位，也是各层级当责的最底层基础。

个人当责实践后，可以鼓舞个体当责；个体当责随后可以鼓舞团队当责，团队当责然后鼓舞组织当责。所以说，前一级的激活可以支持后一级的续动。但，如果没有对当责本身具有深切的认识，及对个人当责的切身实践，其上各层次当责的建立也很难成功。

至于企业/社会当责的建立，则不只仍有赖于其下各层级当责的建立，更有赖于利害关系人的介入。利害关系人将协助建立公司绩效的期望与标准，并监视企业是否达成。企业如未能达成期望，利害关系人会从外部要求，甚至迫使企业成就企业/社会当责。现在，社会上有关的利益团体已然介入，所以，在上图中，这一层级与其下各层级是分离的——虽然个人当责仍然也是企业/社会当责的基础。

在实际效用上，在5个层级中，我们也看到了一个领导人的不断提升：由"经营自己"，而"领导团队"，而"领导企业或机构"，终而"加值、造福社会"。

当责是一种相互关系，甚而是一种契约。个人当责是最简单的一种形式，它是一种与自己的相互关系。在这种关系下，个人期望自己达成个人成果。为了更确定能达成成果，他会往外看，时常想：我能多做一些什么事来帮助吗？正如西洋名言："我能多加一盎司（"one more ounce"）吗?他也会往内心审视而自省，一如中国名言："行有不得者，皆反求诸己。"他不会无谓地指责外界难以控制的因素。

个体当责（individual accountability）指的是，在一个工作组合中，个体间的相互当责关系。它是各个成员之间的相互关系，也涵盖管理者与各成员间的关系。工作责任与权限固有不同，但相互间仍是互守着当责。焦点常是"报告"，这工作组合中的个体要回应报告他的工作进度与成果——或者，更重要的是，要报告他并没有达成的成果。具有个体当责的个人会说：这是我计划进行的部分，这些是我已完成的部分，这些是我计划将加强或改良的部分，等等。

大部分的组织绩效是靠团体（groups）或团队（teams）完成的，团队或团体都是由个体或个人所组成的；团队当责就是要成员对各种环境状况与绩效成果共享拥有感、共享责任感，建立一个"互信互赖"（interdependent）的关系。此时，团体或团队要提出说明或报告成果，不是个人；一如在运动场上，我们说是哪个球队赢了，不是说哪个明星球员赢了，或者，哪个衰运球员输了。为了更有效地运作团队当责，第3章中曾提出了 ARCI 模式的 11 个应用。在 ARCI 模式这个团队技术中，事实上我们还需要更进一步地运用个人当责、个体当责与团队当责以更确定能达成团队目标（get collective results）。

组织当责（organizational accountability）是要响应与报告整个组织"真正"达成的成果。说"真正"，是因为要跟原计划做比较。组织当责所要建立的关系是在管理阶层与营运团队及个体、个人间上下前后左右的当责关系；所以，组织当责要讨论的是当责的领导力与当责文化的塑造。有了组织当责，建立了当责环境，当然就更合适团队当责、个体当责与个人当责的运作与滋长了。

至于企业/社会当责，则常已涉入组织之外的活动了。企业/社会当责是要对利害关系人（从狭义的，到广义的）响应与报告整个企业达成的绩效，乃至企业的行为标准及运作规范。更上一层说，利害关系人迟早会再扩大成广义的利害关系人，包含了：顾客、股东、社区、供货商、纳税人及普罗大众等。事实上有些关系人是不介入企业的日常营运，或企业内部各种当责的建立的；反而是，会对企业所欲达成的最后成果提出建议，然后让企业自己去完成它，社会则在一旁监视。所以，企业/社会当责成了企业与广大社会之间所形成的关系，其中的当责仍应是企业主动的；但，当企业实在太被动，那么"社会"会反客为主。例如，"社会当责 8000"（Social Accountability 8000，或简称 SA8000）的制定与遵循；又如耐克"劳工事件"的社会反制，都是企业/社会当责被动地推动的反思。

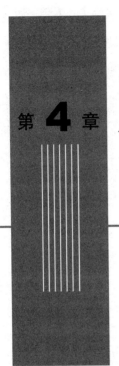

第4章 当责的基础：个人当责
(Personal Accountability)

如何化观念为行动，实践个人当责？彼得·德鲁克在40年前提出的"问人也自问"著名原则，延伸到现代成为"问题后的问题"(QBQ)，让个人当责有了更实用的施力点。

曾经在美国一处高尔夫球场，一个弯曲狭窄球道的开球台上，看到一个标示："你，高尔夫球手，要为你自己所击出的高尔夫球负起当责。"初看之下似无问题，继而一想，可能有些人会有意见了：高尔夫球手苦心孤诣、千方百计总想打出好球，可是球艺难精，总有失手，再加上风势变化莫测、视野又不佳（球道太有挑战了，或根本是设计不良）。或球道间太接近了，球友本身也不够注意；最后，再加上运气不佳。于是，球终于打到人了——你认为你该负有全责？或者，还有其他一些人多少应分担一些责任吧！

球场规则，你现在有了意见。那么，职场上呢？

你同意或不同意下列陈述？

1. 我对我自己在职场上的成功，负有完全责任。
2. 不管我的工作环境如何，我总是要有很高的生产力。
3. 纵使外在条件不公平，我对工作成果仍然负有当责。
4. 不需等待被通知，我经常主动加入训练课程，以提升我的技术与竞争力。
5. 当碰上很需要教练性或辅导性工作时，我总是能展现很强的人际关系技巧。
6. 不论是否会影响到我的个人人际关系，我都会要求我的队员守住承诺。
7. 为了达成团队成功，我愿意检讨我自己的当责问题。

几项同意，几项不同意？想得越多，不同意的越多！

美国硅谷创投家林富元曾说：成为杰出领导人的要项之一是，争取与接受超出你责任范围以上及以外的工作。林富元与陈五福是橡子园创投公司的共同创立人，阅人无数，经验丰富。他鼓励企业人主动地争取，或至少被动地接受，更高一层的工作与责任，以迈向成功。

"个人当责"与这个论点异曲同工，图4-1是个人当责的图示。

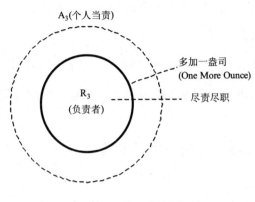

图 4-1　个人当责图示

以责任边界来说,内圈的实圆是个人(如 R_3)正常的责任圈。往外、往上再推出一层责任,即进入"个人当责"的领域了。以责任范围来说,这个人是负责(responsible)整个中心圆内地区(R_3),但这个人的当责(accountable)则是向外又扩充了一些原来不是在他责任范围内的工作(A_3)——他多加了一盎司("one more ounce")。

这个人为什么要承担个人当责?为什么会多加了一盎司?我们得先谈谈个人当责的特质。

4.1　个人当责的特质

个人特质是指一个人的特性(characteristics)、品质(qualities)或特定行为(behaviors)。个人特质是领导力很重要的关键要素,但很难"教"。一般认为,学校或 MBA 课程应至少"教"一部分至某一程度,另外一部分则需组织或机构来"培育"。因为培育需要有一个实际管理或领导的舞台;所以,一个人的领导特质通常是在职业生涯的后期才修成正果的。"专业技能"再加上"人格

特质"已经越来越受重视，需求也越来越迫切；因为专业技能发展到一个程度后，就是人格特质决胜负了。

"个人当责"是一种很重要的领导特质。有个人当责者，会有下列特性、品质或行为，现在与未来的领导人亟需确认、培育、强化与建立。

4.1.1 有个人当责者，有强烈的成果感

为了达成任务、交出成果，当责者要了解做到事项。

- ☼ 了然责任范围，对于分内事，当然全力以赴。
- ☼ 对于非分内事，但足以影响其成果者，当然也会去做；纵使非属本部门事，也想法扩大自己的影响圈。
- ☼ 随时想改进绩效，所以欢迎别人回馈(feedback)；有难时，也会即时呼叫(yell)请求别人帮忙，加强努力。
- ☼ 对于无法控制的因素，定义清楚后就不再抱怨；宁愿多备妥些可控制的，藉资弥补。
- ☼ 总是想：多做一些，多问一些，多改一些。
- ☼ 在生活上，甚至也志向清楚；做了原本不必做的事，造就了自己，也改善了周遭的人。
- ☼ 知道要订目标在110分，才更有可能达成100分；知道准时参加会议的，多是早些就到的人。

4.1.2 有个人当责者，有强烈的信任感

为了达成任务、交出成果，当责者要做以下工作。

- ☼ 喜欢了解全案，不会满足于"上级交办"；他们查清楚来龙去脉、前因后果，就如建造房子：除了要一砖一瓦、一步一脚的建造外，也知道房子是要盖成庙宇或教堂，成为许多人心灵的故乡。
- ☼ 计量、计算过：这些成本投入后的得利——各种利是不是合理？
- ☼ 做事公开，把所有问题端上台面；会主动报告已完成的及未能完成的；不会只报喜不报忧，他信任人，也被信任。
- ☼ 重视后果，不会事败后打起太极拳，舞得风雨不透。重视后果，因而：
  - 有足够的"戒慎恐惧"；
  - 有足够的肩膀——"后果"越不顾，会越严重；
  - 有够强的心态——不会认为自己刀枪不入，不受伤害；反其道而行，打开罩门却反而得到信赖。
- ☼ 知道：当责就是信赖(accountability = mutual trust)。有个人当责，就要被人信赖，也信赖别人。

4.1.3　有个人当责者，从思想启动

当责者知道成果不一定能达到，但也先为成果(或后果)负责。因为行动引发成果，所以为行动负责；因为思想导引行动，所以也为思想负责。

当责者能拥有自己、拥有环境，同时拥有因与果。他知道很难掌控环境，很难掌控别人；但很有力、也很有利的是能掌控自己，从掌握自己的思想做起。

为什么是从思想做起？

图 4-2 是我整理自希尔肯(G. R. Heerkens)所著的《项目管理》(*Project Management*)一书。讨论的是，一个领导人的学习成长历程。

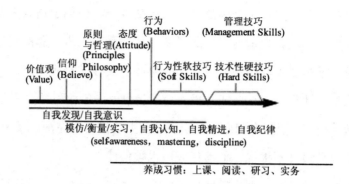

图 4-2　管理与领导能力的提升

资料来源：G. R. Heerkens: Project Management

"思想"牵涉：价值观、信仰、哲理与原则的事；"态度"是思想引发行为或行动的开始，所以，企业界常有人说"态度"决胜负。具有个人当责者重视"态度"，也重视"思想"。

如果我们要引发变革，从图 4-2 右端的管理技巧开始时，变革的冲击是浅显的、表面的；但，如果从图 4-2 左端的思想层面开始时，变革的冲击是深远的，宛如深水炸弹。

所以个人当责者，以当责为价值观、信仰、原则，从思想启动，也为思想负责。

那么，又如何从思想启动？

"没有个人转型，什么事也不会产生。"

——戴明

"Nothing happens without personal transformation."

——W. Edwards Deming

4.2 个人当责：问好问题

问好问题有助于澄清思想，可以引发后续许多有关"行为"与"行动"的连锁反应及其结果。

杰克·韦尔奇在 1981 年 4 月接任 GE 的 CEO 后，不久，即在 GE 的纽约总部会见并请益彼得·德鲁克。德鲁克问了他两个问题，之后剧烈地影响了韦尔奇的思想，也引发了 GE 后来惊天动地的巨大转型。韦尔奇在接受访问时，曾回忆起这段往事，他说：

德鲁克问：

"如果，你以前并未进入这一种事业中，那么你今天仍想要进入吗？"

("If you weren't already in a business, would you enter it today?")

德鲁克又问：

"如果，答案是否定的，你又将如何处置？"

("And if the answer is no, what are you going to do about it？")

两个问题导引韦尔奇的第一个 GE 大变，就是大家所熟悉的：GE 各事业，如非第一或第二，立即整顿、出售或关闭的处置方式。

这个简单问题所引发的核心策略改变，之后影响韦尔奇与 GE 自 1981 年至现在，也让 GE 又一次蜕变成美国最成功的公司。

彼得·德鲁克还有一句"问话"，也在当责世界里引发越来越大的回响，成为实践个人当责的**第一模式**。在他 1963 年的著作《有效经营者》中，他提出了一个单一的世界性问题：

"什么是我可以贡献的——贡献到我所服务的机构里,能重大而深远地影响这个机构的绩效与成果?"

("What can I contribute that will significantly affect the performance and the results of the institution I serve?")

德鲁克认为,世界各地的商业领袖与专业人员,如能如此不断地自问,则可因此被引领而将成功带入组织或机构之中。

其实,这种强烈的个人当责感,在 40 余年后的今天,有更多的商界领导人与杰出人士更加体验出话中的跨时代深意。

"什么是我可以贡献的?"成为经典之言——它在"个人企图心"与"交出成果"之间架起了桥梁。

"以前的领导人,是知道如何讲述的人;

未来的领导人,是知道如何发问的人。"

——彼得·德鲁克

"The leader of the past was a person who knew how to tell.

The leader of the future will be a person who knows how to ask."

——Peter F. Drucker

在美国专门从事个人当责顾问的约翰·米勒(John G. Miller)发展了一套所谓的 QBQ 工具,成为实践个人当责的**第二模式**,希望能把个人当责应用到实际工作与生活中。QBQ 英文原文是:The **Q**uestion **B**ehind the **Q**uestion(问题背后的问题),整个基本逻辑是这样的。

要注意问问题:

☼ 问题背后有问题;

- ☼ 答案就在问题里。

要问更好的问题：

- ☼ 做更好的选择；
- ☼ 得更好的答案；
- ☼ 导向更好的成果。

所以，企业人要常自问，如：

- ☼ **我**可以**做什么**而有所贡献？（"What can I do to contribute？"）
- ☼ **我**可以**怎样做**以成就不同？（"How can I make difference？"）

当然，你不能如此自问。

- ☼ "为什么总是我？"（Why me？）——短短两个英语字，杀伤力（他杀或自伤）十足，充满着受害者与抱怨心态。
- ☼ "什么时候才会有人来训练我？"（When is somebody going to train me？）——是受害者加上推拖、消极、无奈。
- ☼ "谁漏接了球？"（Who dropped the ball？）——浓浓指责味；下一步将是如何推？

所以，先别谈行为与行动，光一开口就知道思想已陷入十足推拖拉扯、交相指责、抱怨等受害者循环内了。米勒先生还有 QBQ 三原则，整理出来后，扼要叙述如下。

1. 问好问题要以"What"或"How"开始；但：

- ☼ 不要"为什么？"（Why）——因为总想抱怨；
- ☼ 不要"何时？"（When）——因为总想推拖；
- ☼ 不要"谁？"（Who）——因为总想指责。

2. 句中要有"I"：

- ☼ 不要用你、他及你/他们；

☼ 个人当责一定由"我"自己开始。

3. 要聚焦在"行动"（action）：没有行动，一切都是空谈、都成枉然。

4.3 个人当责的自我实践

实践个人当责的**第三模式**是康诺斯与史密斯在"奥兹法则"中提出的，他们所描绘的个人当责是这样的：

"我还能多做些什么，以便超越我目前的处境，并且交出我所期望的成果？"

("What else can I do to rise above my circumstance and get the results I want？")

所以说，为了要"交出成果！"（get results）这个最终目标，我是愿意多做一些什么的：

☼ 纵使资源不怎么充足、环境不怎么配合！
☼ 我可以多做什么以改善状况？
☼ 我怎样把今天的工作做得更好？
☼ 我怎样可以更进一步了解你？
☼ 我怎样可以多支持他人？

这里谈的"what else"意义正是"多加一盎司"（"one more ounce"）之意；或者，更确切地说是多加 5%或 10%，甚至如台湾友讯公司所倡导的 20%，还有老虎伍兹在接受访问时说的："我每一次击球，都是 120%的专心与努力。"

综上所述，我们总结如下：

在德鲁克的**第一模式**中，比较重视的是绩效与成果。因此希望达成的是：重大的、更大的绩效与成果。这当然是当责锁定的目标，乃至是延伸目标(stretch goal)。

在米勒的**第二模式**中，比较重视的是：中间的过程。因此明白指出如何做好"QBQ"，不宜有质问或自问时用开头字如：导向抱怨、受害(Why)，或导向指责、推卸(Who)，或导向拖延、受害(When)。米勒还提出更具体的挑战："你今天 QBQ 了吗？"

在康诺斯的**第三模式**中，比较重视的是启动因素及各种努力的掌握。既然，当责最后标的已定；要确保标的 100%完成，就不要在乎投注入 105%或 110%的专业精神。

这三种模式都是个人当责从"思想"引发"行动"的有效方式，不论你加强的部分是**前面的因**、**后面的果**，还是**中间的过程**，都可以具体实践个人当责。

弹去心上层层灰尘，我相信，人类心灵深处总是希望承担起当责的。对事业与人生有一份拥有感或归属感，是令人兴奋的；同样地，自主感、成就感以提升绩效，是企业人心底永不止息的企望。

西方人常说：心甘情愿的负担，就不成为负担(A willing burden is no burden)。承担个人当责不是压力缠身，不是秋后算账，是一种内心企盼，是一种潜能释放。想想看，多少项目、工作屡屡在权责不清、推拖拉扯之间，更是令人夜不成眠、痛苦不堪。

富有个人当责的企业人是"毋需扬鞭自奋蹄"的现代千里马。

也没那么容易。"个人当责"确是从"我自己"开始；但这个"开始"通常又代表着"改变"。

16 世纪的政治谋略家马基雅维利(Marchiavelli)说："若想树敌，就试试改变一些事吧。"又说："拥护改革价值的人，常不是真心诚意的。他们希望改变的是别人或环境，而不是自己。"

改变别人或改变自己，似乎都不是一件简单的事；但，还是难易有别、先后有序的，不可造次。请看下述一则精彩故事。

英国大主教，在历史上是位高权重的；有时，权力比帝王还大。英国西敏寺大教堂内，有一位大主教的墓志铭是这样刻下的：

"当我年轻而奔放时，我的想象力是没有界限的，我梦想改变这个世界。当我长大也更聪明些时，我发现改变世界可不容易，所以我缩短些我的眼界，我决定只要改变我的国家；但，似乎也难以撼动。当我逐渐进入暮年，我做了一件孤注一掷的最后努力，我想改变我的家庭——家庭对我而言，是如此亲近；但，唉！他们也没改变什么。现在，我躺在临终卧床上，我突然了解：如果，我最初只是要改变自己；然后，依此实例与经验，我可能可以改变我的家庭；从家庭的启发与鼓舞，我可能随后有能力让我的国家更美好。然后，谁知道！我可能甚至已经改变了这世界。"

我觉得，这则"人之将死，其言也善"的故事，其重点只有两处，那就是：第一，"如果，我最初只是要改变自己"；第二，"然后，谁知道！我可能甚至已经……"

个人当责，当然是个人的一个自由抉择。你做出抉择了吗？

让我们再回顾本章首页的两个实例——球场与职场。职场上的7个问题，现在的你应该大致同意了。球场问题呢？"德不孤，必有邻"，与你分享一个高尔夫球赛小故事。

台湾吕良焕先生曾在二十余年前，受邀参加举世最负盛名的英国公开赛，当时技惊全场，赢得了第二名。但，球赛中间，他曾打歪了球，不幸地又伤了一位观球的英国妇人，吕先生当场致歉，赛后立即前往医院探视。在当时的英国，曾因而赢得球技精、风范佳的"吕先生"美名，名满全英伦与高球界。据新闻报道，20年后，吕先生又邀请了那位英国妇人来中国台湾做了一趟知性之旅，吕先生当真是当责风范。

球场与职场故事说完了，还记得本书序曲里，战场与政坛的故事吗？

回顾与前瞻

在初版书成后，无数次的研讨会中多加一盎司（"one more ounce"）每每激发出很大回响——有时响彻整个会议室，惊动其他会议人。记得有几次在中国大陆开讲的系列研讨会，原被要求尽量少讲英文的，会后大家却很快乐地大声喊出三个英文词，那就是：

- ☼ Accountable！
- ☼ Get Results！
- ☼ One More Ounce！

分别是一个词、两个词、三个词，是内容精华，也帮助记忆，字字回荡在教室空间里与每个人心坎里。

"多加一盎司"（"one more ounce"）谈的是从个人做起，不是要求别人先做起。在历次研讨会中常获最大回响，让人对未来充满希望。在企业世界里，未来我们需要更多在目标路上（毋需扬鞭自奋蹄）的千里马。

"多加一盎司"（"one more ounce"），在台湾又常被戏称为"鸡婆"——为了成果，他是会管很多闲事的，鸡婆也渐成美称。严长寿先生很推崇当责，他称自己是"无可救药的鸡婆者"。

别忘了，为了成就大事，在团队中，我们还要勇于担当那个不仅仅是"介入"还坚守"承诺"的"猪头"。也别以为应该很少人想当那个"猪头"，我曾在一次8小时研讨会后，以闭目举手的方式，测出一家高科技公司的四、五十位最高阶主管中，有95%举手表示愿意。你假使资格相符，也愿意当责不让地站出来吗？

我们提到了千里马、猪头、鸡婆，还有其他什么动物吗？有，后面有一章对华人很重要的规划与执行逻辑，称为"小白兔"，请你期待。

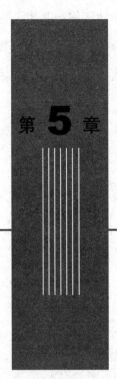

第5章 团队互动：个体当责
(Individual Accountability)

特别着重在一个工作组合中，个体间的群我与互动关系，有如各种球赛中的专攻、主攻、助攻，运球、作球、接球、捡球、抢位、补位。"报告"常是个体当责中较弱的一环，你不知、不愿，也不善"报告"吗？

企业界，有些人把"个体当责"视同"个人当责"，不做区别；其实，也并无不可。只是，"个体当责"是比较偏向在一个工作组合中，一个个体与其他个体及整个团体之间的群我与互动关系。严格说，"个人当责"仍是"个体当责"的基础，但在实际应用上两者是有其相通之处的。

个体当责的基本意义应可如下图 5-1 所示：

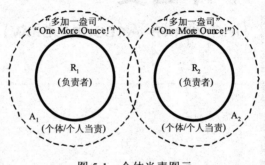

图 5-1　个体当责图示

在一般的工作组合中，两个成员（R_1 与 R_2）也许各有专精，且分工良好，彼此间并无直接或间接的重叠；独立工作，有时像各自爬山，山顶再相见；但，有了"个人当责"后，他们：

☆　想把最后成果做得更好、更大；

☆　或，想在过程中更主动、更积极；

☆　或，想更加多几分努力，以确保交出成果。

于是，R_1 与 R_2 分别有了 A_1 与 A_2。但，A_1 与 A_2 也不一定有交集。

然后，他们体会并认清了"个体当责"：想到、看到机会可能要互动、互助、互惠、互利，甚至于互相挑战，以达到山巅、以达到共同的最后目标。他们想：这样做，可能更有意义。

于是，A_1 与 A_2 开始可能有了交集的良机。

此时的图形比较复杂，让我们回到已经很熟悉的 ARCI 的图述上，见图 5-2。

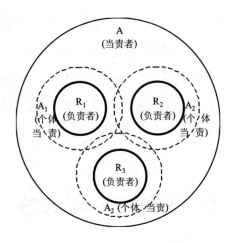

图 5-2　ARCI 中的个体当责

很显然，由于个人当责与个体当责的运作，最大圆圈内的白色空间变小了，对 A（ARCI 模式里的团队当责者）来说，应该是更稳当些，球在辖区内落地的机会更小了。

纵使球不幸落地，个体当责会使人立刻捡球、传球，完成球赛的补位、补救作业。那么，会不会因热心过度在两、三个交会区，抢球成一团呢？会，也不会，就看成员间平日的训练、互信与默契了；至少也要有赛前集训吧。团体成员为了团队集体成功会相互关心、相互驰援，也相互挑战。但，各自的责任领域很清楚，不应舍己为人或入侵别人的责任领域。驰援非救援，就像救急不救穷；成员绩效不好，并不是牺牲绩效更好的人花更多的精力去弥补它。富有个体当责者不是当"大阿哥"——邻人出了问题，还要一肩扛起，说："那是我的错！"

个体当责的意义是，在团体或团队中，首先 100% 地扛起自己责任，然后再加一盎司或 10%，藉以强化自己或支援别人；支援时，或相互配合，或相互挑战，为的是要共同完成团队佳绩。

以柯维在《高效能人士的 7 个习惯》中的 7 个好习惯架构来说，每一个能负起个体当责的人都至少是"独立的"（independent），乃至"互信互赖的"（interdependent）等级，而不会是仍在"依赖的"（dependent）层次上的。

商场如战场？有时也没那么严重，它像球场；那么，就让我们来好好打一场好球吧。

5.1　个体当责：好好打一场好球

1. 受害者的世界：　　典型案例："谁掉的球？"

　　　　　　　　　　　　☼　应该不是我。

　　　　　　　　　　　　☼　不应该是我。

　　　　　　　　　　　　☼　居然会是我，却没人告诉我。

　　　　　　　　　　　　☼　又为何不早一点告诉我。

2. 独立贡献者的世界：　典型案例："在我辖区内，绝不会掉球！"

　　　　　　　　　　　　☼　一群有能力、能独立的工作者；的确不易掉球，但互动很少。

　　　　　　　　　　　　☼　是高手；近乎百发百中、绝少失手；但，时而不太合群。

　　　　　　　　　　　　☼　纵使球队失败，我个人仍算是成功的。

　　　　　　　　　　　　☼　有此专技，当可无虑换工作、走天涯，我想。

3. 个体当责运作中（一）：典型案例："我们捡球、传球、运球、抢球！"

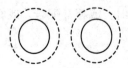

　　　　　　　　　　　　☼　一群有能力、能独立的高手，互动增多，个人责任圈已扩大。

- ☆ 行有余力，总是伸出援手，不论远亲或近邻。
- ☆ 好急，想帮助他；但，有时有些鞭长莫及。
- ☆ 个体当责区，下次设计应更有技巧些，方便互动得分。

4. 个体当责运作中（二）： 典型案例："好好打一场好球！"

- ☆ 我们运球给队友得分。
- ☆ 传球到队友将到之处。
- ☆ 接球接在未来默契点。
- ☆ 队友能迅速补位。
- ☆ 距离正好；伸手就互可击掌鼓励或近距离挑战个别企图。

5. 角色与责任冲突：典型案例："我们也常互抢球、或互踢球！"

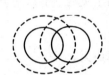

- ☆ 饶有能力的"个人当责"工作者；但，时而意外互抢或相互礼让。
- ☆ 有时热心过度，侵入他人责任圈。
- ☆ 有时，舍己为人、误人误己。
- ☆ 有个人当责，但个体当责运作不良；基本责任区，明显设计不当。

5.2　个体当责的根基：当责真意与个人当责

个体当责的基础是个人当责。没有个人当责，个体当责很难确立并运用。当然，如果对当责本身的真意不能慎思、明辨、笃行，个人当责也无从发挥。个人与个体当责的缺乏在团体中所造成各种脱钩现象，就如我们常常在职场中听到的：

- ☆ 那不是我的工作，或那不是我部门该做的；

- ☆ 我不知道你是这么急着要这资料；
- ☆ 没有人告诉我怎么做；
- ☆ 应该有人告诉我，不要这么做；
- ☆ 如果你告诉我，这事这么重要，我早就先做好了；
- ☆ 这件事错了，但有人告诉我这么做的；
- ☆ 我以为我告诉过你了；
- ☆ 我的人掉球了，但不是我；
- ☆ 没有人对我做的事做追踪，应该是不重要的事吧。

如此这般：没人接球、四处掉球、没人捡球、到处是球评、到处是无奈与无辜者。

个体当责既是当责的一种，我们就以当责概念检验个体当责。

1. **一种关系**——双向沟通，两者之间的一种默契乃至契约；不只是自己独思、自我发挥、自行奋斗或我行我素。

2. **成果导向**——不只各自为营，常想邻居，要集体成果。

3. **需要报告**——报告进度、报告成果；报告已完成的，更报告未完成的；报告自己闯的祸，避免别人因此闯更大的祸。

4. **重视后果**——后果如债务，无法轻率了事；不理时会更恶化、更误事。

5. **改进绩效**——不是等待秋后算账，欢迎他人随时回馈以及时改进，随时提升成功机会、减低失败冲击。

个体当责要素中的"报告"常是个体互动关系中较弱的一环。团队中成员间常不知通报、不愿通报、报喜不报忧、隐瞒实情。富有个体当责者会让自己所做、所为为别人所知所悉；如：自己刚刚闯的祸，会增加队友多少麻烦，要求预防；而不是等他闯更大的祸，可以盖住自己原有的小祸。也想知道别人所做、所为对自己、对团队有何正面或反面影响；还有，自己可否预先准备帮忙；

做完自己事后,也很"鸡婆",爱管"闲事"——如,邻人瓦上霜及远处城墙火等,只要那些"闲事"会对本团的集体成果造成冲击的。

个体当责除了各个体间的互动关系外,也与管理阶层互动、互助或互补关系,在下一章中还会有说明。

在结束本章之前,还有一个问题:如身为主管,你的个人或个体当责呢?

图 5-3 中的 A 是个负有团队成败当责的主管,需对内确认 R_1 与 R_2 确实履行责任,且对外承担整体成败责任。A 明显是有一片"白色空间"要伤脑筋的。但,进而言之,A 把这一片辖区都承担起来后,也还有其往外再扩一圈的"个人当责"。在这个人当责中,他与其他团体或个人互动,也装备有"个体当责";这个体当责所涉及的要项之一,将是更大范围利害关系人关系的经营管理——经营良好时,可以让自己的团体、别人的团体乃至包含自己团体在内的更大团体获得更大成功。

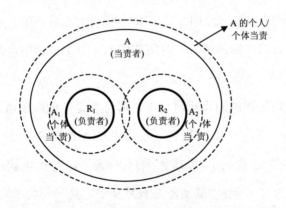

图 5-3　ARCI 中的个人/个体当责

质言之,个体当责,在当责的整体架构上,是承先启后的。

承先,是承接了个人当责的基础——个人当责有两大意义所在:一是真正体会并认清了当责本身的真义;二是为了交出成果愿意多加一份心力与精力。这是一段自我意识(self-awareness)、自我精炼(self-mastery)与自我纪律(self-discipline)的过程。

启后，是开启了随后"团体当责"的先声——开启了团队中个体成员互动、互助、互成的关系。虽然，还是以个人为主，但有了合作与分享，其成果观也由个人成果更趋于集体成果(collective results)。

因此，整个心路历程是简单若此：我负责的这一部分一定会完成，还会再多做一些；而这多做的部分，会考虑到与队友的互动、互补、互助；为的是要团队的集体成果。

再下一步呢？就是结结实实的团体当责了。

回顾与前瞻

更积极来说，个体当责会演化为（同僚对同僚）的当责(peer-to-peer accountability)，例如，R_1 会对 R_2 说："R_2，我没有恶意；但，我认为你昨天做的事，会对我们共同目标的达成在时间与成本上有不良影响，你可以说明一下吗？"

记得有一次在美国的当责研讨会上，演讲者说了这段故事，他又继续说："在我们美国，R_1 不会对 R_2 这样说，R_1 会去对 A 这样说，同时会要求 A 在对 R_2 说明不要提到是 R_1 说的。"于是 A 去对 R_2 说了，R_2 很快就同意并答应立即补救。但，A 又补了一句："其实不是我发现的，是另一位 R 发现的，他交代说，不要说出他是谁。"全会场大笑，大概是很接近事实吧。事件真实现场呢？一定是一场灾难。

所以，如果你能实践同僚对同僚的当责，你的勇敢与当责感应该是超过了美国职场的大部分人了。

再往上提升一层呢？还有称对上级(peer-up)当责的，例如 R_1 会挑战他的A："请问 A，我们所有的人都很努力，全力以赴，你是否是在带领我们在一个正确的方向上做正确的事呢？"

　　再往下一层呢？又有称对下属(peer-down)当责的，例如：A 敢对扮装坚定地要求他们必须完成他们原先已做出的承诺，或者当个烂好老板？或亲身下海代做？据调查，在美国，敢于向下挑战，坚持承诺的主管不足 20%；让我们超越他们！我们对当责要有更深切、更系统化的认识、认同与认真。

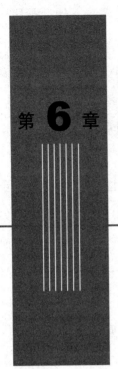

第6章 团队成功之钥：团队当责
(Team Accountability)

"共同责任制"可行吗？团队当责有何特质与迷思？高层团队中不一定是真"团队"，而只是"工作团"？但，两者都承担应有的当责，有什么工具可资运用？

"团队当责"有什么特色与作用？也许，我们得先谈一下什么是团队（team）？

最常见的团队是，功能性（functional）团队；是具有相似功能的一群人组合在一起，形成的功能性部门如：销售、研发、生产、财务、法务等的部门团队。在这些既有部门团队之下，常又有许多更小团队，例如不同区域的销售团队、不同产品的研发团队等。

近来，每有跨功能（cross-functional）的团队出现，其目的不外乎更进一步提高团队工作的效能与效率。跨功能团队常以项目（project）的形式出现，例如为开发某项新产品而集合了适当的研发、业务、工程、生产及供应链上同仁而成为一个团队，以倾力开发；其目标总在：开发出顾客真正需要的产品，并显著降低周期时间（cycle time）。

项目中比较大型的通常称为计划（program），计划经理通常是公司的大官，一个计划（program）之下通常含有多个项目（projects）；一个项目（project）之下又常含有许多任务（tasks）或子任务（sub-tasks）。为执行任务（task）而成立的团队习称为任务小组（task force），大的如军中的陆、海军联合特遣部队，小到企业项目下两、三只小猫的小任务团队，这些小团队也都会有个领导人——这些小团队小领导人可能成为公司下一代的大领导人。本书希望的是，从他们起就启动"当责"与"团队当责"的概念与行动。

跨功能团队中，还有一种很重要的应用是用于流程团队（process team）或称流程管理（process management）。总公司层级的流程常包含有数个跨部门的核心流程（core processes）：如新产品开发流程、人才培养流程、供应链管理流程——这种供应链管理流程甚至还是跨公司、跨国界地连结分处各国的供应商与客户。"流程团队"存在的时间通常是好几年，甚至永久型，这与为期常只几个月的"项目团队"又有不同。

6.1 当责让团队更具特色

这些我们常见的团队有何共同特色呢？凯真巴克(J. R. Katzenbach)在麦肯锡顾问公司工作约 30 年后，写下了一部名著《团队的智慧》(*The Wisdom of Teams*)，他对"团队"下了如下定义：

团队是一小群人的组合，他们具有互补性的技术，承诺共同宗旨、绩效目标与工作方法，他们相互间承担"当责"。

所以，进一步演绎后，一个有效团队具有这样的特色。

1. **精准人力**：通常 4 到 6 人、或 5 到 10 人，总是小于 10 人，不会大于 25 人。

2. **互补技术**：成员互有专长，要适当混合。专长领域大抵如三：技术性或功能性专长、解题技巧或决策技巧及人际关系管理技巧。

3. **共有宗旨、目标及方法**：共同建立并承诺：使命价值观、目标、策略、评量方式、短期目标及工作方式。

4. **承担当责**：各成员间承担"相互当责"(mutual accountability)。

第 4 项重点中的"相互当责"是团队当责的重要特色之一，凯真巴克认为：成员之间是会相互要求对方负起当责的(亦即，"hold one another accountable")，不是只要自己负起当责就好了。

6.2 团队当责与当用工具

我们可以从"当责金字塔"的 5 层级模式中，更精确地看清楚"团队当责"；团队当责已经是在一个很高的层次上，所以团队当责如果要成功经营，事实上要充分具备下列组成因子：

- ☆ 对"当责"的准确了解与认同；
- ☆ 对"个人当责"的了解与认同；
- ☆ 对"个体当责"的了解与认同；
- ☆ 有相互要求/挑战"相互当责"；
- ☆ 了解 ARCI 模式的运作，及角色与责任的"责任图解"；
- ☆ 最好，进一步拥有在其上一层、组织层级的"当责文化"与当责领导（将在下一章中讨论）。

以图形来表示的话，团队当责正如图 6-1 所示。

图 6-1 明示的是，团队成员的 R_1、R_2 与 R_3 是很负责的；他们各自圆圈责任范围很清楚，他们也都有当责概念，分别有向外、向上的 A_1、A_2 与 A_3 的个人当责。他们也了解相互间的个体当责，个体当责的设计也很得宜。

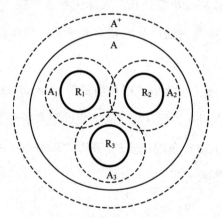

图 6-1　ARCI 中的个人当责

在这整个大实圆圈团队中，我们有一个"大 A"，亦即在 ARCI 模式运用中的 A。这个 A 除了负责确定 R_1、R_2、R_3 完成所负责任外，还要承担所有"白色空间"的当责——显然白色空间缩小了些。这个大 A 其实还有他的个人当责

——即图中的 A+ 部分，他还要与其他团队建立个体当责及更大团队当责，而共赴更高、更大的目标。

当然，在 ARCI 实务运作中，A 不能只念念不忘于诸 R，而忘了还有 C 与 I 的沟通与支持系统。

总体上说，ARCI 是团队当责所使用的最重要工具。在第 3 章已有详细论及，后面第三篇还会谈到一些应用实务。

"相互当责"的作用，亦可以柯维在《高效能人士的 7 个习惯》中提出的"互信互赖"模式作为注脚，请看图 6-2。

图 6-2　7 个高效能好习惯示意图

参考资料: Stephen R. Covey: "The 7 Habits of High Effective People"

图 6-2 中，7 种高效能好习惯中，也保留了英文原文，以利有意者能更精确地了解原意。

柯维说：

"在成熟度的连续光谱上，'依赖'（dependence）的模式是'你'——你照顾我，你为我圆满完事；事不成，你要被责怪的；'独立自主'（independence）

的模式是'我'——我可以完成它,我负责,我是自恃的,我可以选择的;'互信互赖'(interdependence)的模式是'我们'——我们可以完成它,我们可以合作,我们可以结合我们的智慧与能力一起创造更伟大的事。"

看到这里,脑中常浮现的"互信互赖"图像是马戏团的空中飞人表演:一个艺高胆大的艺人在高空中,放开握的绳梯,凌空飞出;另一个也艺高胆大的艺人,脚勾绳梯及时飞到,顺手把他接走,时间与动作都完美无瑕。马戏团里的表演者每个人都身怀绝技,他们都是"独立自主"的,但也是"互信互赖"的,也唯有互信互赖才能完成超乎个人(1 + 1>2)的精彩团队表演。

现代许多企业活动中,我们都需要类似的互信互赖才能完成更大成就,柯维提出由"独立自主"蜕变为"互信互赖"的 3 个好习惯,也是"相互当责"所具有的态度与行为,它们如下所示。

☼ **习惯 1:思考双赢**。不是"哈!我赢你输",或"你赢我输,记得我的牺牲!"这世界够大,一定容纳得下双赢的选择。

☼ **习惯 2:先求了解别人,再求被人了解**。不要自怨自艾、如泣如诉:"心事谁人知",何不主动"知人心事"?

☼ **习惯 3:追求综效**(synergize)。否则 1+1<2 的机会一直比 1+1>2 的机会大很多,"综效"追求的是 1+1 = 8、16,甚至于更大。

所有甘愿承担"当责"的人,都已经脱离了"依赖"的阶段,进入"独立自主"或"互信互赖"的高阶段了。在"相互当责"的团队活动中,"互信互赖"是一种基本心态,更进一阶的是:积极主动,相互要求!

另有称"合体当责"(joint accountability)者,其焦点摆在整个组织的大目标上。每个人或团队都负有当责,要产出整个大组织必须要达成的最后成果的一部分成果。下图 6-3 是合体当责的图示,有点像卡通片中的无敌铁金刚,在一声令下,各肢体八方来会。合体成功成为完整的无敌铁金刚。

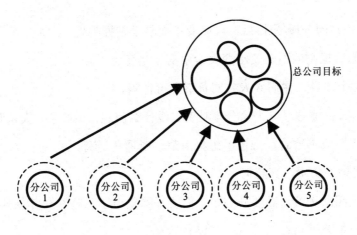

图 6-3 合体当责(Joint Accountability)图示

在企业实务中,上面的大圆是整体组织的大目标。当底下各个团队的成果已经完成,但仍填不满上面的大圆时,各个团队仍都必须再奋力向外再挤出一些小圈圈,以填满上面的大小洞洞,这就是"合体当责"意义了。

也许,这许多不同名词,会把人弄迷糊,但这些都是许多管理文献搞出来的,故仅供参考。在我们简化的实际运作中,就是"团队当责"了。

6.3 团队当责的迷思

团队当责是简化了,还是还有迷思,还需要再说明清楚?如,非团队的"团体"也需要当责吗?团队当责是不是所谓的"共同责任制"?

6.3.1 "共同责任制"可不可行

"共同责任制"指的是,在团队中全部或部分成员共同分摊责任。它会不会是一种有效的团队运作,下列几个问题值得思考。

1. 责任共同分摊/分担后，可以变小而易于掌握吗？

→我们要担心的不是变小变美，事实上是变无了。

2. "这个项目，你们 6 人共同负责"可行吗？

→事实是：事成了，大家分享功劳，没什么问题；事败了，大家互推卸责，问题不小；不成不败时，谁也不想弄清楚，或捅马蜂窝。

3. "集体"负责，真意何在？

→如果团队失败，需要开刀了，你要开除整个团队吗？一并惩处其中的高效成员？会更公平吗？

4. 这个"集体"有一位老板级的人吗？或，更上一楼总有一位老板吧？

→为何这位老板毋需多担当，仍是与部属一视同仁？

5. "我们是共同创业，深具革命感情，足以共同分摊责任。"

→事实是：马上得天下，须下马治之；"幕僚团"可以很成功，"领导团"很难成功。我们更需要的是清清楚楚的"领导人"，而且以非感情、公平处理事务。

6. 事实是，我们不知道如何厘清角色与责任；兵马倥偬中，也没时间。

→好吧，那么请试试"当责"与"ARCI 模式"。

中国俗话说：三个和尚没水喝。在企业管理上，6 个和尚也没水喝，两个和尚也是没水喝——除非扁担设计得很好；但，一个和尚一定有水喝。

团队运作不宜采用共同责任制。团队当责，植基于个人当责、个体当责，并妥善运用相互当责、合体当责；在 ARCI 明确的角色与责任图解下，清清楚楚只有一个 A——他，当仁不让，承担起责无旁贷的当责，才是成功之道。

6.3.2 "工作团"是不是团队

有专家估计，现代企业运作中，约有 80%是以团队运作的方式交出成果的。

那么，其他方式呢？个人与工作团（work groups）就是例外。

这种"工作团"基本上只是聚在一起互动、分享资讯、分享最佳实务（best practices）、分享未来观点，并分别做出最佳决策；帮助团体中的个体在各自辖区内完成任务，他们并不需要成为真正的"团队"（teams）。

美国有许多大公司，如惠普、保德信、摩托罗拉等的最高阶层都正是或曾是如此运作的。成员的绩效合约是直接建立在成员与大老板之间，他们聚在一起的主要活动是：分享资讯、强化绩效标准与公司期望、加强核心价值观，并一起做成重大决策；然后他们各自回家，分别办案，交出成果。公司最大的成就就是：这些优秀成员分别交出优秀成果后的加总——在这个层级上，加总——不必加乘，就已成就非凡了。

凯真巴克在《团队的智慧》中，也提出了工作团与团队在运作上的主要差异，表 6-1 以供参考。

表 6-1 工作团与团队的差异

工作团（work groups）	团队（teams）
强势且清晰聚焦的领导者	分享领导的角色
个体当责	个体当责加团队当责
团体宗旨相近于组织任务	特别目的/目标
个人化工作与产品	集体性工作与产品
影响力很关键	直接盯住团队工作与成果

所以，不属"团队"的"工作团"，要成功运作还是少不了当责中的"个体当责"。

团队要成功，当责是关键因素。这里的当责除了基础的当责真义、个人当责、个体当责外；还有，相互要求对方的相互当责。更重要的是，在这些当责之上，还有 ARCI 的团队工具可资运用。

职是之故，团队当责中有了相互当责与 ARCI 模式，让团队当责成为团队成功之钥——这点在跨部门/功能团队的成功运作中，尤其重要。

回顾与前瞻

我常举例问起研讨会成员：如果一个答案中有 15 个人签了名，那么谁是为最终成果负责的当责者？是最后一位吗？不会，因为他总会在前面 14 位中找到代罪羔羊。是最先一位吗？不会，因为他总认为后面仍有许多大官在背书摊责。

我认为，最有可能的是第 9 位，他是为最后成果负起当责的 A。第 1 位至第 8 位是来自相同或不同单位的 $R_1 \sim R_8$，第 10 位至第 12 位是 C_1 与 C_2，第 13 位至第 15 位是 I_1、I_2、I_3。

所以，不会全体 15 人共同负责，也不是最后最大的官在负责，而是最适的人在最适当的位置上负责。这时，不大不小官的第 9 位成为公告周知的 A，名正言顺地领导 8 位成员全力以赴，攻向成果，中间不时地从 C 处得到援助与鼓励，也随时把重要进度与阶段成果让 I 们知道，完成组织内外沟通。

实务中，C 与 I 常是大官，也签了案，但不必然是当责者，却也常以大官名义随便介入指指点点。第 9 位原是很有自主感与成就感，也很想当 A 的，却没有人公开声名他是 A；所以，进退失据，难以发挥领导力与执行力。

这是当前公私机构在决策与执行上的通病，让我们发挥团队当责，让那位不大不小官为那件不大不小案，公开负起成败全责，成为当责者、领导者，领导所有的 R 们，发挥各种当责，交出团队成果。

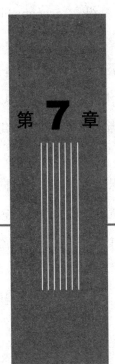

第7章 形成当责文化：组织当责
(Organizational Accountability)

　　组织当责的目标是要建立一个当责组织，确立照顾"利害关系人"（stakeholders）的权益。组织当责有两大基本要素要建立：坚实的当责文化与坚强的当责领导。谈"文化"、谈"领导"有些老套，套上当责后，有何妙招？

"组织当责"的作用是要整个组织成为一个"当责组织"（accountable organization），让组织能藉当责而更有效地完成组织对内与对外任务。亦即：对内，建构一个适宜个人当责、个体当责及团队当责运作与滋长的环境；对外，也预备了执行企业/社会当责的基础，或说，建立了与外界沟通的桥梁。所以，组织内各阶领导人真正要能交出成果来，不只要有很强的当责观，也要有"组织当责"的帮忙！

在某些管理论述中，也有不同的用法。他们认为"组织当责"的意义等同于所谓的"企业当责"，或"社会当责"，都是要能主动、适时、适当地对利害关系人如股东、员工、顾客及社区做出必要的报告/说明，并照顾其利益，成为一个公开、透明、信任的现代组织。

本书把"组织当责"与"企业/社会当责"做明显区隔，并赋予"企业/社会当责"更高位阶的意义，将在下一章节中详述。

就此而论，则成为一个当责组织，必备两个基本要素：一是**坚实的当责文化**，一是**坚强的当责领导**。

在当责的企业文化里，每一个人——"从董事会里的人，到收发室里的人"（from boardroom to mailroom），都能认清并认同当责，都能体会、认清并执行个人当责、个体当责与团队当责中应有的角色与责任——董事会里的人会监视/辅助CEO经营一个公开、透明、信任的现代组织；收发室里的人在寄出重要物件后，会再确定对方是否确实收到。

所谓**当责文化**，是指将"当责"变成"企业文化"的一部分，更精确来说，是将当责变成企业的一种**核心价值观**。所以，谈当责文化，一定要先谈企业文化，以免滋生混淆。因为企业文化太软，软到摸不着、看不清、想不透；大部分人都觉得似懂非懂、若有若无，也就可有可无，人云亦云，终是不以为意或不知所云了。

在许多有关推动当责的研讨会中，大家最关心的，还是：当责不能变成一个特立独行的单独概念或工具，而是要蔚为风气、相互鼓舞。因此，企业文化就成了一条最明确的路。但，"坚实的当责文化"不能建立在这般稀松涣散的企业文化认知之上；所以，下一节我要先谈谈企业文化的认识、塑造与冲击，有请耐心。

7.1 企业文化的认识、塑造与冲击

企业文化的塑造并不容易，但却是一个企业从"创业有成"到"基业长青"的关键。可惜，这种非属硬性技术的超软性系统一直难以获得华人组织的真正重视。

事实上，企业文化一点也不"太软"、一点也不"高空"、一点也不"迷惑"，它有扎扎实实的三样基本成分，如图 7-1 所示：**愿景**（vision）、**使命**（mission）与**价值观**（values）。

愿景如远方灯塔，是组织最远程的目标。**使命**如望远镜，是眺望现在与未来间所绘成的任务导航图。**价值观**则如罗盘，是组织人不论身处何处、何时，做人、处事的共有基本原则。这三种明确要素：**愿景**（灯塔）、**使命**（望远镜）与**价值观**（罗盘），即构成了一个组织坚实的企业文化。

图 7-1　企业文化的基本组成

企业人士与管理学家们，对"企业文化"仍有很多不同看法，如：有些人认为，愿景与价值观就已足够了，不需使命，使命多重复。有些人认为，只要使命与价值观就够了，价值观足以让散处世界各地的企业人找到原则与方向。有些人则认为：使命就是一切，使命还可包括愿景与价值观——于是"使命说明"（mission statement）就成了一种高层管理的重要工具。更有些人认为：价值观一项，即足矣；它可以辅导分处世界各地的企业人如企业所求地做人做事，夫复何求？——其实，"价值观"也确实正是企业文化中最关键的部分。

完整的愿景（灯塔）、使命（望远镜）与价值观（罗盘）所形成的企业文化效应何在？如图 7-2 所述。

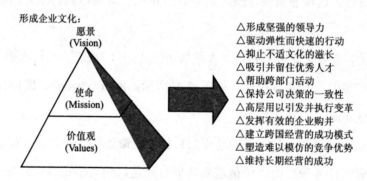

图 7-2　企业文化的形成与作用

上述 11 条，条条有实迹，条条通往成功路；可惜，非"捷径"、无"近功"、缺"短利"，故仍常是不讨喜。

美国《财富》杂志每年都做"最受尊崇"公司大调查；前些年，他们在调查完成后，曾整理出一个结论：

"越来越多的公司,更加关心的是:公司不能只靠数字而活。有一件事,让这些顶级公司在大调查中脱颖而出的是:他们坚韧的企业文化。"

詹姆斯(Geoffrey James)在他的著作《硅谷成功秘籍》(*Success Secrets from Silicon Valley*)描述企业文化的作用,图7-3简明扼要地进行了描述。

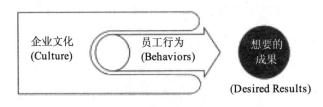

图7-3 企业文化决定员工行为

资料来源: Geoffrey James, "Success Secrets from Silicon Valley"

正如麦肯锡顾问公司前总经理说的,企业文化是:"让一大牧群,大致保持西行。"其英文是,"Keeps the herd (of employees) moving roughly west"。

所以,企业文化是要成为员工行为准则并导向企业所追求的成果,殆无疑义;只是,"知易行难"罢了。科学家与工程师们处理了太多"知难行易"的科学与工程事,有朝一日成为管理人后,对管理学与社会学上"知易行难"的事,不是脑筋不清,就是不知所措。

资诚公司(PriceWaterhouseCoopers)曾对全球前2000大企业的CEO们做过调查,显示有47%的CEO们认为:重塑企业文化与员工行为,是他们的优先要务。

重塑员工行为真是一项艰辛的任务。连心理学家都承认,人类超过一个年龄后,行为改变是很困难的。企业界除了小心谨慎一开始就找到"对的人"外,"不太对"的人还是得借助训练、教育、辅导、教练等方式,再加上坚实的企业文化的长时间熏陶,或许可以让"蓬生麻中,不扶而直",而也才有重新塑造行为的机会了；"不对"的人，迟早必然是公司的负担。重塑员工行为，成功又不易；故，越来越多的优秀企业，越来越讲究："聘请人才时，选人格特质；专业技能吗？进来再训练。"其英文是，"Hire for characteristics, train for skills"。

但，不要太绝望，行为怎样改变？

美国著名的创意领导中心(CCL)与杜邦公司曾发展出一套行为改变的基本模式，如图7-4所示。

图 7-4　行为三角学

资料来源：CCL 资料

简单三角形中隐藏着重大玄机。三角形顶端是一个人的"行为"，这个"行为"是会受到底线"价值观"与"个性"两项因素所影响的。"个性"是难改些，但"价值观"有可能成为"行为"改变的驱动力！这个"价值观"包括：对自己价值观的发掘——确认、重新确认或改变，以及所处企业或环境价值观的认同、熏陶与教化。这两个价值观不一定相合，越来越多的人在发现在自己的价值观与组织价值观有强烈冲突时，开始选择离开或被迫离开。然而，在国内，问题并不大，因为大家对个人价值观与组织价值观多数是一片茫然——但，这并不表示，现在与未来的领导人，会继续保持一片茫然！

这个三角形模式可以通过下面这个最简单的故事进行描述。

老陈"个性"内向害羞。很难、甚至无法要他上台演讲(演讲是一种"行为")。

后来，他决志从政，锁定要当政府高官，追求名器；要诚信以进、当责不让(是种"价值观")。于是，"演讲"就成了一项重要手段，务必擅长——那么，"行为"改变就有了希望；他迟早会成为简报与演说高手。也许，有一天，当他站在台上慷慨激昂，鼓动数万群众后，你在后台访问他时，仍然可惊见他内向害羞的"个性"。

我把这个简单模式，继续演绎而成就了图 7-5。

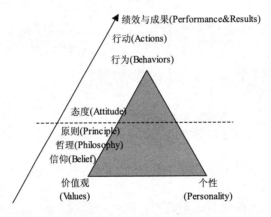

图 7-5　进阶行为三角学

图 7-5 三角形的中间多了一道水平面。正处水平面的是态度(attitude)，态度是一个人感受事物后的一种情感、情绪反应，但仍无行为可言。态度的下一步发展是行为，行为经系统化、组织化、目的化后，就有了行动(action)，以及一些特定事业活动(activities)。通过这些行动与活动，我们一直追求的是：一定要有绩效(performance)，一定要有成果(results)。

水平面上的"态度"——就是一般所谓"态度决胜负"的态度。在态度的水平面之下，隐藏着的正是"价值观"及"个性"等隐性影响因子。从价值观到态度，一步一步地发展，一步一步地影响；一步一脚印，都将成为行为改变的重要历程。

因此，我们如果要塑造当责文化，就要激发当责的行动与行为，就要塑造当责态度，就要重视这一系列的过程。这个逻辑过程如图7-6所示，也称为"概念化能力"。

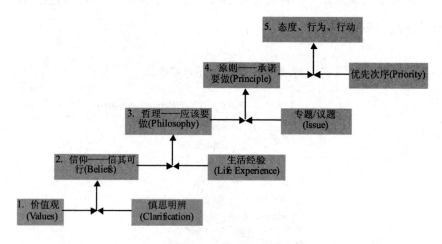

图7-6 概念化能力

这水平面上、下两段的逻辑过程，由"价值观"启动，仍不涉及个人"个性"，但已足以引发员工在行为、行动，乃至绩效、成果上的巨变。这也是为什么IBM前CEO郭士纳（L.Gerstner）在惊涛骇浪中接任后，在救亡图存过程中，他很快地整合**价值观**与**信仰**，很快地宣布了他的8点"我的管理**哲理**"，约半年后又公布了他的8点"以**原则**为领导"，然后就是一连串"吾道一以贯之"的**行动**了。在救活 IBM 后，他亲手撰写的传记《谁说大象不会跳舞》中，有2/3 的篇幅是在谈如何改变员工行为，如何"新企业文化救IBM"的事。

感谢你，耐心看完这段"理论"。

这段"理论"不只郭士纳用以改变 IBM 员工行为，也常是西方企业用以评估一个人的领导能力，亦即所谓的"概念化能力"（conceptual capability）。你能不能或慢条斯理、细细道来，或如电光石火般，在纷扰中立即理出公司所需"概念"？用的就是下述模式：价值观（values）→信仰（beliefs）→哲理（philosophy）→原则（principle）→概念（concept）。

然后，你还相信吗？最成功的"实务"总是来自最佳的"理论"，企业界屡见不鲜。

"思考是最艰难的工作，因此很少有经理从事思考。"

——亨利·福特，美国汽车大王

"Thinking is the hardest work there is ,which is why so few managers engage in it."

——Henry Ford

7.2 塑造当责的企业文化

在塑造当责的企业文化的过程中，首先当然是要确立"当责"为"价值观"——如果你勇敢地接受它，你并不会寂寞；因为正如第 1 章 AMA 资讯中所说的：当责是当今美国优良企业"核心价值观"（core values）排名中的第三名。

价值观藏在心底深处，看不到的，也不轻信的。它要经过思考、整理、争辩、澄清以及生活体验，再加上组织内专题处理，及企业的优先次序决策等的淬练，才能形成。如果这个价值观，还不是普通价值观，而是"核心价值观"；那么，看看柯林斯与波拉斯在《基业长青》中所做有关长青企业"核心价值观"

的几项观察，很严肃认真的，如：全公司不会超过5或6个；必须经得起时间考验（如果情势改变，因此而受苦受难，你仍要坚持吗？）；必须有发自内心的热情拥护；毫不迟疑、坚决地改变任何不符合"核心价值观"的事；不需合乎理性或获外界肯定；不是模仿、借用；不是取悦政府或财团！

对于"核心价值观"，很多长青企业是长年不变，甚至百年不变的；杜邦公司长青200余年就是一个活生生的实例。

所以，推动组织当责，首重当责的企业文化，要建立当责文化有以下几步。

第一步，把"当责"列为组织的"价值观"甚至"核心价值观"。

第二步，定义、澄清、慎思明辨，训练各阶层所有人——从收发室到董事会。说明当责真意、当代价值及实证功能，让当责成为公司共同语言，让ARCI模式成为团队解题工具，汇成动力（momentum）推动组织向前行。

第三步，融入工作与生活中，日日行之；正如前章"个人当责"部分所述之三种模式。不断自问，也问他人："What **else** can I do？""你今天 **QBQ** 了吗？""我怎样做会造成更大的贡献？"

第四步，要有具体方案推动"团队当责"，明订个人、部门、项目，乃至流程目标，**勇于授权授责**。明决策、做评估、追后果；用ARCI模式让角色与责任更清楚，"要求部属负起当责"（hold people accountable）——这点还真难，柯维在《高效能人士的第8个习惯》中的研究资料说：美国公司中，大约只有10%的主管们会"要求部属负起当责"。华人组织中，数据可能就更低了。

第五步，一定要有奖励。要肯定或奖励当责的成果、行动、行为、态度，乃至思维；从"思维"、"态度"就开始给予肯定或奖励！

第六步，当责的态度、行为与实务绝非一蹴而就，亟需主管们做个"教练"（coaching）：有回馈（feedback），也有前馈（feedforward），方法包括如：

☆ 同理心倾听；

- ☼ 承认/接受对方的事实、痛苦与挣扎；
- ☼ 问好问题，常问："What else can you do？"要超越、克服目前处境，能逐渐转向"当责"挑战。
- ☼ 提供实践当责的具体方法与流程，如第三篇中各实例所述；
- ☼ 承诺诚心相助，鼓励报告进度，订下追踪时刻表——不只追踪，其实真意是"追索"或"追讨"！

没步啦！ 去做就是(Just do it!)。

7.3 确立当责领导

领导组织，建立当责文化的灵魂人物正是组织的领导人。这位领导人除了对当责、个人当责、个体当责、团体当责及其应用工具，了然于胸外，也愿领导整个组织成为一个"当责组织"。最后，还要带领组织接受外界有关"企业/社会当责"的挑战——最后这一部分，盖为时代所趋，其所附加之组织责任与社会价值也越来越大。

领导人在领导组织，建立当责文化时，也必然接受当责文化的约束。一如英国丘吉尔的评论，他说："开始时，我们塑造我们的架构；然后，我们的架构开始塑造我们。"（"First we shape our structures, and then our structures shape us."）当然，领导人以后也还会再改变某些文化，以迎向未来挑战；只是未改变前，价值观仍是公司的价值观，不只是"朕"的价值观。如果"朕"不一定要遵守价值观，那么，公司价值观必然瓦解，并成为笑谈。

领导人在领导"当责文化"时也有一些原则如下(本节有部分资料取材或演绎自《奥兹法则》一书)。

7.3.1 领导人以身作则,成为"角色模范"(role model)

- ☆ 采取与别人一样的当责标准。
- ☆ 经常自问,也要求别人自问:What else can I do (to get results)?
- ☆ 请求别人给自己"回馈"——当别人真给时,不宜事事辩解,总是虚心些;也给别人诚挚而具鼓励性的回馈,乃至"前馈"。
- ☆ 化教训为教导(coaching),不必一直等到别人的进度或成果报告;对自己上司的报告也不延迟。讨论时,集中在"可控制"事件上,不要在"不可控制"事件上浪费时间精力或陷入受害者循环。

7.3.2 承认无法控制每一件事

你无法控制全球经济,为何老是抱怨经济状况;你无法控制裁判,为何老是抱怨裁判不公?

个人当责专家约翰·米勒谈到他父亲康奈尔大学摔跤教练吉米·米勒的经验:不要抱怨你无法控制的事,你无法控制裁判;所以,如果要赢,你要能打败三个人:对手、你自己及裁判。

- ☆ 列出你所面对的不可控制事件,并分出等级。决定忽略某些等级的不可控制事件。
- ☆ 有些事你是无法控制;但,并不意味你因此不必承担当责。

7.3.3 勿陷入极端应用

- ☆ 不要从"闭门思过,想来想去都是别人的错"中,悔悟而升华到"千错万错,真的都是我的错"。

☆ 不要强迫每个人、每件事都要应用当责或ARCI。不要当"思想警察"（thought police）而常怀"动机论"。

你不能强迫人更诚实、更正直、更友善、更勇敢、更可信任、更"政治正确"或更"富有当责"；但，你可以教导、引导他们——以身作则，真诚领导。

看来，领导者的挑战越来越高——尤其是领导这种软性或软硬兼施的文化建设，要教之、育之、导之。有些管理学者认为领导者（leader）要确实做好领之、导之的工作，也渐渐与管理者（manager）的层次拉开，工作上有了越来越大的距离。但，英国领导学专家阿代尔却从许多管理实务中蒸馏精华，他说，真正的领导者如图7-7的交集，而且这个交集在未来的管理世界中，将会越来越增大。

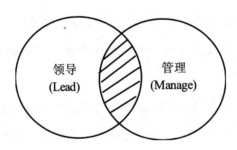

图7-7 扩大中的交集区

"管理者"与"领导者"在现实世界中，无法泾渭分明。"领导者"要建立文化、领导变革，同时也要达成年度目标、追踪工作细节——正是"管理者"的工作。"领导者"不是"最高领导人"专用，故，当然也会出现在组织的每一阶段、每一个阶层上，包括没有正式"经理"头衔的阶层上。所以上述三原则原本是应用于最高领导，但也适用于各阶领导。

在结论篇中，我将完整呈现如何成为一位当责领导人。

7.4 提升组织当责的地位

康诺斯等三人在他们的《奥兹法则》中竭力阐述的是：藉由"个体当责"与"组织当责"，是企业要达标致果(get results)的终南捷径。个体当责可以蔚然发展成风气、成文化，但更重要的是组织当责要校正、引导、滋养、茁壮个人、个体与团队当责，让当责成为组织的竞争优势。

对华人社会来说，有好几个层次都有待突破。所需精力与时间也就多些、长些，挑战也高些，例如下面所列。

☼ 你确实要"达标致果"吗？或者，其实是且战且走；反正"胜券"在握，因为大家都知道，这案子会是虽败犹荣，没功劳也有苦劳？

☼ 你了解并吸取当责的精髓吗？当责在西方世界中，原是有些负面，已然校正。在华人世界中，却是一片模糊，亟需澄清。更待认识、认同与执行。

☼ 你要先建立个人当责，再对群我关系扮好个体当责，进而团体当责？或由组织领导人启动当责的文化革命？或由 ARCI 当责工具直接切入项目管理、振兴团队当责？最重要的是，尽速采取行动。

☼ 团队当责及其所运用的 ARCI 法则可以帮助你更精准定义，更快速脱离华人世界中习以为常的角色与责任迷乱世界。

☼ 不重视文化经营的华人组织，常把建立企业文化看成"打高空"。当责的价值观是众多西方企业优势经营的"柱石"(corner stone)，我们的领导人愿负起"组织当责"，迎向未来的当责世界吗？

当责世界的下一个挑战，与前述 4 种当责状况已自不同。前述 4 种当责——个人、个体、团体及组织当责，基本上是有感而发的、自动自发的、自由抉择的，然后相互激励、因势利导、共抵于成。但，下一个当责，挑战来自外界。外界的"利害关系人"开始觉醒，要求企业经营者负起当责——固然希望你能自动自发，但利害关系人最终总是会走向"在一旁监督执行"的路。届时，如果经营者不但"被迫接受"，还因"理念不同"而忿恨难平，经营企业就更辛苦了。

回顾与前瞻

在许多的当责文化研讨会中，大家都很热烈地讨论当责文化如何透过行为给予实践。我们讨论到许多正面行为，例如一家大型高科技公司的几项实例是：

☼ 为了交出成果，不担心踩部门与阶级之线；

☼ 愿意站出来，舍我其谁地成为"A"；

☼ 择善固执，对的事情要能坚持，要有担当。

另如一家大型金融服务公司的提议中，有三例是：

☼ 主动横向与纵向沟通，不要以为对方都知道；

☼ 对客户负起当责，不要让客户变成无头苍蝇；

☼ 对准目标，多做一点、多想一点、多加一盎司。

又如，一家大型医院的护理部，有几项正面行为是：

☼ 视病犹亲——八竿子打不到的都是我的亲；

☼ 舍我其谁——交给我，有我就搞定；

☼ 善意沟通，以当责为共同语言化解障碍。

还有些公司认为，许多负面行为触目惊心，却习以为常。为了确定改变，也热烈提出讨论，条例整理，藉以警惕。

例如一家大电子公司有三例是：

☼ 老板说了算；

☼ 这不是我负责的范围；

☼ 本位主义(silo)。

正面行为讨论出来后，许多公司开始公告通知，在企业文化与团队文化中成为绩效考核的一部分，也成为定期奖励的一部分，让当责文化很具体地由正面行为来实践，也在不断实践中强化当责文化。

当责的最高层：
企业/社会当责
(Corporate/Social Accountability)

第 8 章

利害关系人的范畴不断扩充，当责的承担已渐由自发转为被迫。如何掌握先机，再化被动为主动？这个旅程太冒险了吗？看看几个企业实例，有系统地了解在企业/社会层级的整个"当责循环"（accountability cycle）……

1989年，杜邦公司新的CEO伍乐先生（Ed. Woolard）刚上任未久，他在几次公开演说中，却做出了重大承诺——除了其他绩效目标外，他要带领杜邦：

☼ 减少有毒气体排放60%
☼ 减少致癌物质释放90%
☼ 减少危险废弃物35%

当时，许多杜邦人都以为伍乐一时失去了商业理智，公布了不可能达到的环保任务。外界也在一向保守的杜邦文化中以异类、叛逆看待伍乐。

伍乐说："我们以后将计量（measure）每一件事，也将做出公开承诺（public commitment）。"然后，他找来33位当时的最高层经理人，共同签署了著名的"杜邦承诺"（The DuPont Commitment）。伍乐说："我都已经公开宣布了，现在是你们的责任了，开始工作吧。"

伍乐在1997年退休，毕业成绩是：

☼ 减少有毒气体排放60%
☼ 减少致癌物质释放75%
☼ 减少危险废弃物46%

在这8年中，他把杜邦经营带上另一个高峰。我躬逢其盛，与有荣焉；杜邦是环境保护与社区责任的模范生，几乎年年在有关调查与研究中都是数一数二，也是《财富》杂志"最受尊崇"公司的常客。杜邦的营运绩效更是迭创佳绩，深获华尔街分析师青睐。记忆犹新的是，股价翻了好几番；有一年，还是股价上升幅度全美第一名。

管理学家事后分析认为，伍乐没有失去商业头脑，倒是创新了一个管理概念：他公开目标、计量目标、公开进度、公布成果，把"企业当责"（corporate accountability）转变成了企业"竞争优势"（competitive advantage）。

"企业当责"又指什么？

8.1 企业当责及其四要素

美国莱斯大学(Rice University)著名的企业当责学者，艾柏史坦(Marc J. Epstein)在他的著作《计量真正重要的》(Counting What Counts)中，进一步系统化地建构了"企业当责"。他认为，企业当责有四大要素，如图 8-1 所示。

图 8-1　企业当责四大要素

这四大要素中，最重要的当属"计量"——包括计量的项目与计量的目标，如确立项目、确立目标、评价价值及评估绩效等。第二重要的应是"报告"——包括内部报告与外部报告，报告内容也颇为广泛。杜邦公司的前 CEO 伍乐先生就很明确地掌握了这些企业当责要素，尤其是这两项最重要的要素。

下面进一步看这四大要素。

8.1.1 公司治理(corporate governance)

公司治理的基本立论是：董事会成员的完全独立化。让董事们可以确定 CEO 是在承担当责，而自己也不是 CEO 的"甜心老爹"(英文为"sugar daddies"，指对年轻女人一掷千金、在所不惜的中年富翁)，并能对 CEO 提供帮助——《今日美国报》(USA Today)在 2006 年 2 月的一项调查中发现：在美国，GE 的董事会成员是对公司 CEO 提供最大帮助的董事们。亦即，在公司治理的最高管理层级上，扮好了 ARCI 模式中 C 的角色。

美国金宝汤公司(Compbell Soup)的连续几任 CEO 对公司治理的模式有过很大贡献，他们严格要求如：

☆ 外部董事要占绝大多数；

☆ 董事要拥有一定股权达三年；

☆ 董事每年一选；

☆ 董事需要就独立性、当责性、参与度、准备度，甚至道德操守接受评估。

8.1.2 计量(measurement)

订下绩效评核的项目与标准。绩效评核的项目，原来是很单纯的财务性目标，但现在已必须扩充到非财务性的目标。这些非财务性的目标还越来越重要，因为，它们通常又都是财务性目标的"驱动因子"(drivers)。非财务性目标又可分成营运方面的(operational)和社会方面的(socials)。

企业目标最好要平衡，亦即，财务性的与非财务性的要平衡、内部的与外部的要平衡、落后型的(lagging)与领先型的(leading)要平衡。哈佛大学的柯普兰教授 10 余年前发展的所谓"平衡计分卡"(balanced scorecard)系统，就是把这许多计量因子，有系统地分成了 4 个方面，具体如下。

1. 财务面：如营收、利润、成长率、市场价值。
2. 顾客面：如客户满意度、市场占有率、客户抱怨事件。
3. 内部流程面：如准时交货率、周期时间改进、流程建立与管理。
4. 学习成长面：如员工生产力、训练小时数、领导力培养。

这些计量因子定下来后，各事业单位、功能组织、团队及个人的努力与绩效都能因此上下衔接，并与公司策略连线，从中得到绩效的评估。

8.1.3 管理系统（management systems）

当你订下目标，选好计量项目与评估方法后，你开始承担当责、采取行动，追求并交出成果；守住信用，也为人所信任。如果，你希望有持续性实质绩效来自个人、团体、团队、事业单位以及整个组织，你就需要整个管理系统如：

策略→目标→计量→项目→项目目标与预算→薪资与奖励→内部报告与审查→外部报告与审查→回馈至策略

在这些运作中，管理软件是成功的关键。这个软件是：

个人当责→个体当责→团队当责(含相互当责、合体当责)→组织当责

"组织当责"含有很重要的当责领导与当责文化；当责文化又回头强化了各阶段、各层级的当责管理。

8.1.4 报告（reporting）

"报告"指的是，将更广泛的数据与资讯在公司内部与外部做公开报告——这是企业当责一个待开发领域。很多经理人认为公布的资料已经过多了，但，不只是外部人，连内部人都觉得不够？企业在揭露资讯时，应思考下面几点。

☆ 如何早一步揭露，如比政府官员或居民更早。
☆ 如何多一点揭露，如更多了"一里"（the extra mile）。

☆ 如何好、坏消息都揭露，企业总都会有好时光、坏时光。

☆ 发展更多的领先型与落后型指标，以供内部绩效与决策之用，也供外部分析师、股东、客户、业务伙伴等分析与预测之用。

利害关系人有权知道得更多，企业多了内部与外部报告，可加强内部的创新与决策，也提供了外部所需的透明度与信任度。

8.2 企业当责循环

综合来看，企业当责也构成了一个循环，比图8-1更详尽些，如图8-2所示。

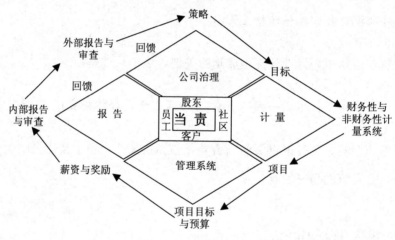

图 8-2　企业当责循环

资料来源：Marc J. Epstein: "Counting What Counts"

这个"企业当责循环"的正中心正是"当责"，企业当责的所有组成部分及所代表的意义在此都一体适用。四周代表着企业当责所建构与利害关系人的关系，显示的是股东、员工、社区与客户的4种基本的利害关系人。企业当责同时也有4种基本要素，这4种要素可以协助企业达成对利害关系人的承诺，也使企业提高透明度与信用度。

MIT 史隆管理学院的 50 周年庆研讨会提出的三大主张中，也公开要求领导人要通过公开、透明化及当责，以建立并确保利害关系人的信任。

图 8-2 的最外一圈已是一些执行细则了，较具特色的是，企业必须计量的重要项目已不只是财务性方面的，更包含非财务性方面，如：营运方面及社会方面的；非财务方面的计量也越来越重要了。

我们从个人当责谈起，一直到组织当责都是：一种抉择、一种觉醒、一种自发性，主动而积极地建立责任架构，以达成各不同阶层、不同阶段的任务。但，从企业当责里我们已发现，有被动式与强迫性的驱动力开始介入了，这个强迫性的驱动力来自利害关系人。

8.3 与利害关系人互惠互利

利害关系人指的是：企业营运的结果会对他们造成影响，而且，他们的想法与做法也会对企业营运造成影响的一些人。这些人狭义说就是图 8-2 中的 4 种人：股东、员工、客户、社区；广义来说，包含更多，如：商业伙伴、供应商、机构投资者、政府法规制定者与执行者，与稽核者，乃至政客、纳税人及一般大众。

这些利害关系人原先没什么力量影响公司营运的。但，不论现在与未来，他们的力量越来越大，也越来越想对企业营运提供意见，并监督企业是否在执行？有无成果？大抵来说，他们的力量来自以下几方面。

☆ 媒体。

☆ 消费者主义越来越强势而自主的文化。

☆ 大众越来越多的资讯乃至情报。

- 大众在越来越竞争的全球资金市场、劳工市场、产品/服务市场，所拥有越来越大的杠杆效应。

一个企业主动或被动地承担当责后，别无选择地必须学会与这些利害关系人相处，不只要管理他们的回馈与建言，也要证明双方的关系是双赢的——至少非一输一赢、相互拉扯争执的局面。许多先进企业，已实际展现了如何化企业当责为竞争优势。

美国企业一位 CEO 说的：公众当责(public accountability)与公众公布(public disclosure)的时代已经来临，在"自动公布"成为标准化之前，剩下来的只是时间问题罢了。

8.4 成为一个当责企业后

外界压迫日增，企业当责的承担与行动其实也是有其企业内部的激励与驱动力的。建立当责企业后，有许多前所未见的好处，具体如下。

- **提高决策品质**：因为公司内部有许多有用的数据与资讯在各阶层之间快速而自由地流通，将有助于公司创新活动，以及决策过程与品质的改进，避免太依赖直觉。

- **加速组织学习**：因为有良好回馈机制，让利害关系人对公司活动有回馈，有助于加速组织学习，快速回应公司内、外部变化。

- **成功执行策略**：因为有正确而平衡的评量项目、评量方式在公司上上下下沟通、联结、推动及检测，有助于策略的成功执行。

- **激励团队活动**：因为目标清楚而且与公司策略衔接、制度透明、角色责任清楚、赋权部属——ARCI 的 A 已尽量往下走，因而激励各团队活动。

- ☼ **提升忠诚度**：可以激励内部员工与外部利害关系人的互信及忠诚度。
- ☼ **提升企业形象**：因为企业当责的推动，在客户、社区、股东、机构投资者、分析师、政府法规制定者、稽核者乃至媒体与消费者组织中，建立透明、公信、诚实的公司形象。

8.5 企业当责的一个著名案例

耐克(Nike)是一家家喻户晓的跨国运动品公司，产品营销全世界，但没有自己的制造工厂。制造部分都以合约委托在印尼、泰国、韩国、中国的当地工厂。于是，设计、研发、制造、营销、大明星广告等作业，在世界各地分进合击，营运模式灵活无比，当然营运也成功无比。

但，1988年，所谓的"劳工事件"（"labor issue"）浮现；印尼一家地方报纸首先详尽揭发耐克制鞋工厂的恶劣工作环境。隔年，其他印尼报纸跟进，揭发了每天工资86美分的丑闻，后，又引发罢工事件。最后，耐克上了印尼大报的头条：世界鞋业巨人"强奸"工人权利。

1991年，西方媒体如英国电视与《经济学人》跟进，报道印尼耐克合约工厂的恶劣工作环境；随后，媒体之火烧回美国。但，迟至1994年，耐克才正式进行了第一次的印尼工厂"社会稽核"（"social audits"），耐克形象持续受损，社会团体开始发动拒买活动，耐克股价开始下挫，耐克成了企业全球化的最坏榜样。其实，耐克还是自认很"委曲"的，因为制造工厂与工人都不是耐克的，他们是合约制造商、供应商。这些工人不是耐克员工，而是供应商的员工。世界上其他许许多多公司也是类似的做法，所以耐克一直保持低调并封口的"实务"，希望静待风暴过去。

但，社会观点却不然，社会认定的事实是：耐克"雇佣"了其他公司为耐克制鞋，不能免去耐克对这些制造工人的责任。

直到 1998 年，耐克的 CEO 耐特（Phil Knight）才在华盛顿的全国新闻同业俱乐部中，宣言为其全球约 600 处合约工厂的工作环境做出 6 项改善承诺。

1. 所有合约工厂的室内空气品质，必须符合美国 OSHA 标准。
2. 提高工人最低工作年龄：全职 18 岁，兼职 16 岁。
3. 聘用独立的非政府团体（NGO）从事工厂稽核。
4. 扩充工人教育计划。
5. 扩编贷款计划，以援助越、印、巴、泰约 4000 家庭。
6. 资助大学研究，开放有关责任实务的论坛。

随后，《纽约时报》以社论赞赏耐克："为其他公司所当做的，建立了典范"；从此，耐克也认真执行他们所谓的"企业社会责任"（Corporate Social Responsibility，CSR）计划了。

耐克最后终于接受了企业当责，并把企业当责置于企业策略的核心位置。但，社会仍耿耿于怀的是，为什么要历经 10 年之久才能认清？是企业的自大？无知？贪婪？或高度缺乏同理心？答案就不得而知了。

后来呢？耐克又换了几任 CEO，但他们仍是信守承诺，坚守企业当责。2006 年 10 月，美国《华尔街日报》公布亚洲地区 200 余家跨国公司与当地著名公司的联合调查报告，耐克回到"最受尊崇公司"排名的第 9 名。

8.6　社会当责 8000（SA8000）

1997 年还有一件大事。国际 CEPAA 组织，也在这一年正式创立了简称 SAI 的"国际社会当责"（Social Accountability International）组织。其提供了一套类似 ISO 9000 的 SA8000（Social Accountability 8000）制度，以透明化、可量测、

可稽核、能证实、具独立性的标准程序作业来验证企业在9项重要管理专题上的社会当责绩效，其目的在于：

☼ 证明企业对产品生产与供应的道德承诺；

☼ 促进企业的道德性采购活动。

这9项专题包括：童工、强迫性劳动、健康与安全、结社自由与集体谈判权利、歧视、惩戒性措施、工作时间、报酬及管理系统等。目前，SA8000也已成为许多欧美大企业在亚洲部分地区进行道德性采购所要求的标准之一了。

社会当责当然是当责的一部分，在前述的"企业当责循环"中的计量项目与方法项下，我们谈到两种计量项目，亦即：

☼ 财务性计量

☼ 非财务性计量

　　• 营运性计量（operationals）

　　• 社会性计量（socials）

"社会性计量"所延伸出来的管理系统、报告系统及公司治理，显然相对上都太弱，有待加强；事实上，在社会性计量项下的许多项目，原先是与公司赢利似乎毫不相关的，但现在已经都列入公司竞争优势的排序中了。

今天，大部分的领先企业都已介入了下列专题：环境绩效、平等雇用权、国际劳工标准、道德商业行为及企业捐赠等。社会计量项目的适当选用，依公司、依工业，也依策略而有所不同。

企业要持续、永续发展，计量项目应取得平衡。企业界原先只重财务性，不重非财务性，后来发现非财务性项目通常是财务性项目的驱动因子；同时，在柯普兰教授10余年来"平衡计分卡"的推动下，企业开始重视非财务性指标，并取得适当平衡，以发展公司长、中、短期策略。只是，非财务性项目下，两项指标中的社会性指标仍然未获得应有重视。这些指标，以后终究要成为公司整体竞争优势的一部分。

下面，我们依平衡计分卡模式，在各利害关系人项下，分析一些可能的社会性计量指标，作为样本以供参考，也许能更系统化执行企业/社会当责（见表8-1）。

表8-1 利害关系人的社会性计量指标

利害关系人	社会性计量指标
股东	企业声誉
	道德行为标准
	有毒物质排放
客户	国际劳工标准的遵从
	产品的环境影响
	客户满意度
	产品安全性
	已回收及可回收百分比
员工	雇用的多元性
	管理的多元性
	托儿服务及满意度
	对家庭友善的工作环境
	员工满意度
	设施的环境品质
社区	公众健康
	志愿服务社区时数
	社区满意度
	天然资源的消耗性
	环境冲击指数
	危险性废弃物处理
	包装用量
	新工作创造数

资料来源：M. J. Epstein 所著 *Counting What Counts*

因此，在现在与未来的经营环境里，经理人不只在企业内部要赢，在企业外部也要赢——赢在资金市场、劳工市场、客户市场、供应商市场、社区，乃至于在社会的支持上。那么，经理人要重视的将不只是个人当责、个体当责、团队当责与组织当责，还需再加上"企业/社会当责"。

因此，当责已不再只是一种外加的工具或规划，它是企业基础的一部分，它必须成为经理人基本技术配备中的一个重要组件，它事实上也是生活的一种方式。

8.7 "企业当责"与"社会当责"用法澄清

在本书架构中，"企业/社会当责"是综合了许多国际文献上的分歧说法/用法的，这些分歧说法/用法如下所示。

1. 企业当责，corporate accountability
2. 企业责任，corporate responsibility
3. 企业社会责任，corporate social responsibility，简称 CSR
4. 企业社会当责，corporate social accountability，简称 CSA
5. 社会责任，social responsibility
6. 社会当责，social accountability，简称 SA

最近，最常被引述的，可能是第 3 种，简称为 CSR 的"企业社会责任"，国内许多企业主、社会学者都已耳熟能详，几乎已泛用为代表性。CSR 没有单一定义，一般是指企业持续不断地承诺：以合乎道德的作业，对经济发展有所贡献；并同时尊重该企业所涉及的人、社区、社会与环境。CSR 可能涵盖有不同的规范与规章，其中最有名的当为第 6 个 SA 的 SA8000 了。SA8000 含有 9 项国际标准的规范，已与 ISO 9000 一样有名了。另外，美国《财富》杂志自

2005年起,每年约在10月公布针对超大型国际公司在有关CSR议题上的执行成效,称为"当责评等"(accountability rating)。2006年10月,二度公布60余家名单中的第一名公司得分是72分,最后一名则为0分。2007年11月,公布正好100家,英国石油(BP)重回第一,得分75.2。最后一名则为一家著名的百货连锁业,得分仅8.9。

总而言之,上述6种常用语是殊途同归,都在期盼或要求企业能有效扩展他们的关怀活动至企业的利害关系人。利害关系人则从狭义的员工、顾客、股东与社区,扩展到广义的供应商、投资伙伴、政府单位、纳税人乃至普罗大众。关怀则含有:增加企业投资在社区、员工关系、就业创造与保护、环境保护及自身的财务绩效等。

社会责任(social responsibility)与社会当责(social accountability)原是相通的;就本质上来说,在"社会责任"中,企业是以一种可信的、可靠的、值得信赖的方式进行商业活动,依靠的是志愿的、自我约束的方式。但,在"社会当责"中,企业必须依循规章或法定要求,以推动业务,否则企业负有义务或面临制裁;此中,常有独立的监视及执行机制介入,以确保符合规定。所以说,一边是自动自发,越做越有劲;一边是公众要求越来越多,监视越来越紧,也越来越要求资讯公开透明。

美国布什总统在一次对华尔街的演说中强调:自我约束是很重要的,但仍然是不够的。许多志愿性、自我约束型的"社会责任"项目活动,多归失败。揆其原因,不外如:

- ☆ 缺乏特定的规定或责任;
- ☆ 无需对外公告成果及其影响状况;
- ☆ 无独立性机构确保其符合规则;
- ☆ 无法授权利害关系人监视公司在失败时负起应有义务;

☆ 企业也缺乏够强的动机奖励机制。

就字义与原理来说，当责原是偏向志愿的、自动自发的；例如，在个人、个体及团队当责中所强调的"毋需扬鞭自奋蹄"般的境界；但，延伸至社会当责时，却已偏向由社会与媒体外来施压型的了。"当责"概念中有关计量、信赖、说明、信任、公告、成果与后果等概念，也在"社会当责"中找到着力点。所以，事实上，国际社会除了积极推动 SA8000 及含有 SA8000 的其他标准外，也逐渐由鼓吹 CSR 转向 CSA 的运动了。

最近许多研究也显示：一个真正承诺 CSA 或 CSR 的企业组织，每能创造下列价值：增强吸引新顾客、增加顾客留存率、增强品牌形象、增强吸引优秀人才、增加员工交互训练、提高员工留存率、劳工更有承诺更受激励等。简言之，是提升了人、事与物的软性价值，这些软性价值很快又反映在公司硬生生的财务底线（bottom line）上了。只是，这些硬生生的财务底线数字中，有多少是真的来自那些"软性价值"？没有"同位素"般的追踪，有些人还硬是不信！

回顾与前瞻

个人有个性与风格，企业也有个性与风格，因此有管理学家说，企业有时很像个人的，个人当责的实践并不容易，企业当责更是一条漫漫长路，但长路彼端已是微光乍现，有时又像灯塔般地明光闪亮，可是大部分人与企业还是看不见，或理不出头绪而充满着狐疑。

个人与企业的成功，最后必然是与社会有下面连结的，否则成功会是孤独的、苍凉的，甚至是负面的、有害的，在实质上是失败的。

企业当责已是一条必走的路，在非财务性计量项下，有一项是社会性计量，

它的许多指标,许多优良公司已在执行,但另有许多公司仍是视而不见。就像在公司订目标中,绝大部分的公司对非财务性指标仍是视而不见,年复一年只在几项财务性指标上悉力以赴拼搏不已。

在我们许多当责研讨会中,我们开始走入非财务性指标,讨论最多的常是(成长与学习)目标,例如,你在明年或在这个专案里,要为组织培养几个人才?更精确地说,是培养几个公司层级足堪大任的 A,也就是 ARCI 中的 A?或者把 ARCI 中的 R 由最低责任层级的第一级,栽培到最适层的第四级(请参阅第 12 章内容)?

由表面的绩效表现追踪到背后的驱动因子、由财务指标到非财务指标、由负责到当责、由个人当责到企业/社会当责,这些是一条少有人走的路,让我们一起安步当车、坚定前行,走出个人与企业一条真正的成功之路。

当责不让以经营
自己、领导团队

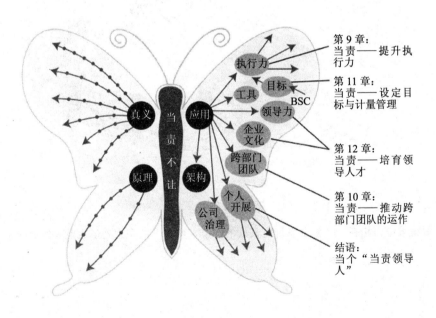

"当责"的真义、原理、架构、应用及其"蝴蝶效应"

蝴蝶效应是指在一个复杂系统内某处的一个小变化,能在别处形成巨大的效应。

本书开宗明义就是要以"当责"为理念、架构，来经营自己、领导团队、组织及机构，最后并期待这些领导人对我们的社会能提供更高附加价值。因此，在第一篇中，极力澄清的是当责的真义及其运作原理；并对当责的实用工具ARCI有详细论述，辅以 11 个实例具体说明其应用。

故，第一篇已具体而微，从概念，到原理，到工具，到应用；已然整体呈现"当责"在现代管理上的价值。繁忙的工商界与组织机构人士看完第一篇后，即可即知即行、当责不让，以提升经营自己、领导团队与组织的能力了。

第二篇中，进了一级，提出了当责的完整架构。从最基础、最核心的"个人当责"开始，拾级而上，完整彰显全架构中的不同范畴，不同层级的个人当责、个体当责、团队当责、组织当责及企业/社会当责；从 1000 英尺高空看清楚难得一见的"当责金字塔"全貌。在金字塔层级结构中，当责也由自我抉择、自动自发的基本特质转成了有外来压力介入，且外来压力与日俱增、越来越大，是为"企业/社会当责"。

因此，在第二篇中的架构中，我们或许可以联想：个人如何先鞭一着，在思想及行动上，先人一步：不抗潮流、不后潮流，甚而引领潮流，带动当责新潮。假使，你是高层领导人，站立"组织当责"的浪头上，更清楚何去、何从，更容易对内、对外，都成为一位卓越领袖。

以逻辑架构看清趋势，让人避免迷思与迷失。

在这整个经营环境中，经营自己是最核心的一环，"当责不让"是最重要的特质风范。当责不让后，领导力不断提升，领导范围不断扩大，被领导的人——或说是追随者（followers）也不断增多。要面对的"利害关系人"由最近的部属、同侪、长官，扩大到顾客、社区、供货商，最后再继续扩大到投资人、政府，乃至纳税人与一般大众。从他们是"何许人也？干我何事？"到他们是"利害关系人"——居然有利害纠结？

在这个从经营自己,到加值社会的漫漫长路上,将有不少、不断的挣扎,及挣扎后的一段清明;然后,又一次的挣扎;但,当责将总是个核心价值观,陪你渡过这些亟需当责不让、一以贯之的领导之路。

本书第三篇中,偏重当责的实际应用——都是在诸多研讨会后与顾问期间所提出的。在应用中,除了概念与工具外,还有一个重要环节:流程。流程可以让你在应用中,更为顺畅自然,更有节奏感,更加顺理成章。其实,第 1 章中已介绍过的:正视问题→拥有问题→解决问题→着手完成,即已被视为一种流程;有公司简称之为 **SOS-D**(**S**ee It, **O**wn It, **S**olve It, **D**o It)的流程。

SOS 是救命讯号,再加个 **D**(Do It!)就成了。

下面另述的是,一个更"简单"、更典型、更具综合性的流程。

当责应用的"简单"流程

布来恩·米勒(B. C. Miller)在他 2006 年著作《让员工负起当责交出成果》(*Keeping Employees Accountable for Results*)中,引述前人说理,综合了一个"简单"流程——如此这般:"简单"("SIMPLE"),易记易行。只是,是简单,也似老生常谈,新管理书好像也没什么新意了;但,你确实做了没?

S: **S**et Expectation;把组织、部门、团队、个人的目标(即 goals、objectives、targets)理清楚、写下来,并厘清角色与责任。

I: **I**nvite Commitment;对员工说明来龙去脉、前因后果,讨论轻重缓急、利害得失;以取得员工的"买账"(buy-in)与承诺。

M: **M**easure Results;订定有效、公平、简易的衡量方式与工具,衡量真正重要的成果,计算组织真正得失;在最后成果完成前,加入中间阶段性的"里程碑管理"。

P：**P**romote Feedback；鼓励员工回馈意见/建议，并积极响应；重视态度、行为与行动。"回馈"可以创造"当责"力，必要时还应给员工"前馈"。

L：**L**ink to Consequences；先商谈好该负的"后果"，为思想、行动及环境，承担后果。主管应给予适当、适时的支持。

E：**E**valuate Effectiveness；为"完成什么"、"如何完成"负起当责，针对"目标"评估实际所完成的"成果"，才是最后的"成效"(effectiveness)。

SIMPLE 的流程是个老生常谈的执行过程，但，当"当责"的概念主导并贯穿其间，必然造成很大不同。本书第三篇后面 4 章为有关当责应用的篇章，将由实务面讨论：当责在执行力提升、跨部门团队运作、领导人才培养及目标制定与计量管理方面的应用与贡献。

应用，是多样多面、多彩多姿的；中国人说"运用之妙，存乎一心"。所以，只要把原理、原则弄通了，后面就可以尽情发挥了。在这复杂无比却乱中有序，又事事相连的事业与人生大环境里，你心灵深处的一个小小悸动与感动，是有可能在外围复杂大处境中引发巨变的。

听过"蝴蝶效应"吗？

当责应用的"蝴蝶效应"

2006 年春，我曾两度参观旧金山现代艺术博物馆(SFMOMA)，都看了隆巴第(Mark Lombardi)的画作"UPI Saga"。隆巴第使用各种线条的视讯系统，将一些常被隐没的人、地与事的连结信息网络画入画作中；使一件商业行为的"UPI 大型并购发展图"成为艺术。画作并雀屏中选，成为馆藏。

观画归来，有感而发，也把"当责"中经常隐没不见的许多人、事、时、地信息也尝试连结在一起，冀成为网络；这个网络，竟状似蝴蝶，展翼欲飞，

如篇首图。图中左侧综理当责原理,右侧综观当责应用;上下两端,上穷碧落下黄泉;或为无穷大,或归趋于零,有无限发展空间。

蝴蝶有一个"蝴蝶效应"。"蝴蝶效应"是一种现象:在一个复杂系统内某处的一个小变化,能在别处形成巨大效应;例如,在巴西首都里约热内卢的一只蝴蝶舞动蝶翼,可能在美国中西部的芝加哥影响了天气。期待在大家身上或将发生的一个"当责"的"蝴蝶效应"。

蝴蝶舞翼或可形成巨大效应;在丑丑的蝶蛹变成美美的蝴蝶,也有一段动人的传说。据说,有个人观察小蝴蝶正要破蛹而出;首先,在蛹上出现了一个小洞,但过了几个小时,才见到里面的小蝴蝶欲用它细小的身体要奋力挣扎而出。又隔了许久许久,也没什么进度。于是,这个人找来了利剪,帮忙剪开了蛹的一头,于是,小蝴蝶轻易地爬出来了。但,身体臃肿,翅膀细弱。这个人继续观察,却愕然发现:小蝴蝶臃肿的身体没变小,细弱的翅膀没变大。后来,只能在地上爬,却永远也不会飞了。

原来,从小孔奋力挣扎而出,是个必要过程。小蝴蝶因此得以将体内体液压进翅膀里,让身体变轻盈、让翅膀变坚硬!所以,少了这段奋力挣扎的过程,就少了一只翻舞的花蝴蝶。

或许,自助助人,不要当个剪蛹人,也不要自望少了那段过程……

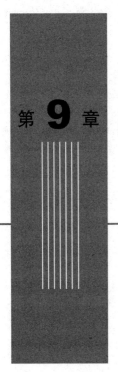

第 9 章 当责——提升执行力

　　当责如何在包熙迪的执行力三流程、三基石,或华人更熟悉的战略、战术、战斗、战技,与心战/文化战中产生作用,提升执行力?当责不是新的外加元素,而是在旧有混沌中澄清、沉淀后的精准运用。

当责是提升执行力的一个"关键性成功因素"(称 KSF, Key Success Factor；或称 CSF, Critical Success Factor)。

包熙迪与夏蓝在他们的畅销名著《执行力》中，对执行力如此下定义：把事情做成的纪律(The discipline of getting things done)。换言之，亦即一种纪律——一种"成事"、"交出成果"的纪律。

9.1 当责如何提升执行力

首先，我们还是先想想：为什么没有执行力——没有"交出成果"来？我们在进行过许多座谈、研讨会后，发现原因不外如下几种。

☼ 目标不明或过高。
☼ 市场变化太快，原有条件不再……被顾客陷害？
☼ 权责难分，老板不够支持；预算不足，人员中途流失。
☼ 人才不足，人力不足，属下无能又误了事。
☼ 管理不擅长，也不重视，一切是技术挂帅。
☼ 不知要有备案(back-ups 或 contingencies)；意外出现时，就挂了。
☼ 不善追踪(follow-ups)或追踪不力，妥协太快。
☼ 政府法规制约或改变，徒呼负负。
☼ 前任遗害，无力回天；想另起炉灶，不想续趟浑水？
☼ 内部上、下、左、右斗争太厉害，"他们"不肯合作。
☼ 景气不佳，天气有影响，运气也不好——去年此时就很好。
☼ 领导人意志不坚；临阵迟疑，害死大家。
☼ 沟通不良；处处有脱勾(disconnects)与松脱(loose ends)。

原因林林总总，实不胜枚举。一场"抱怨大会"(blamestorming)下来，你就看到了"当责不再"的影子了。这些原因(或借口)，国内、外企业人皆然，人同此心，心同此理，是人类的共有因子；所以，包熙迪对"执行力"下了如下简单有力的结论。

☆ 没有单一致胜武器——这点，我想颇令国内领导人失望。
☆ 不仅是纪律，也是系统架构。
☆ 有三个重要的核心流程(core processes)。
☆ 有三个软性的建筑基石(building blocks)。
☆ 是领导人的首要工作。
☆ 必须成为组织文化的核心部分。

"一张图胜过千言万语"。于是，我把这个系统架构用图形来表示，亦即图9-1所示。

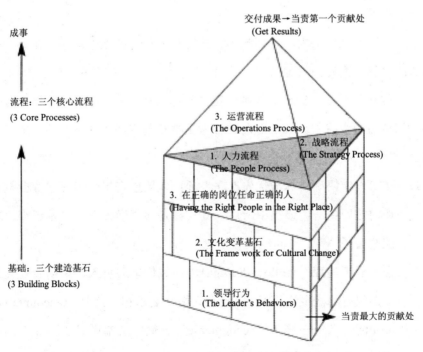

图9-1 执行力的系统架构

三条流程加三块基石的英文平实易懂，所以作者又保持原文以更助沟通。看官如欲快速窥探全貌，可参阅畅销全国的中文译本。在这座"执行力金字塔"（是真正的金字塔，连应深藏地下的基座都清楚显现）中，我们看到了平常人看不到的地下三层基础结构，也看到了平常也被人轻忽，却高悬在上的"get results！"

当责第一个形成影响力并提升执行力的地方是：当责自始至终要求成果、要求图9-1中高悬在上却常被人轻忽的"交出成果！"——记得"承当责，为成果"（accountable for results）的说法吗？从第1章到这一章所有内容中，"当责"与"成果"两者总是形影不分、如胶似漆、焦孟不离的。

"当责者"的严谨训练绝不可能再轻忽"交出成果！"

"当责者"在那座"执行力金字塔"的塔尖，装上了一颗夺目的明珠，任谁也不会视而不见。

但，当责贡献出最大一个影响力，并提升执行力的地方却是：在第一层建筑基石的"领导人行为"部分。

在包熙迪与夏蓝所提出的7种关键性领导人行为中，每一种领导人行为都直接、间接与当责有关。其中有两种行为更被特别点明"当责"的作用，如下所示。

☼ 在"设定明确目标与优先次序"项：包熙迪在接受美国《商业周刊》访问时即畅言，该项中所述，其实都是谈"当责"，只是谈得比较委婉些罢了。

☼ 在"后续追踪"（follow through）项：他们单刀直入，说明企业界最常见的执行力失败主因是，"没有人被指名承担'当责'（accountable for results）。"——这个"accountable"一般中文都译成"责任"。译成"责任"或"负责"后，原味尽失、重点全无，甚至了无新意了。

当你了解"当责"真义后，重看本项时，必然是：心头一震或耸然惊起；"当责"是要一夫当关，当仁不让的！

后续追踪（"follow through"）一词，原来盛用于运动界。意指，一击中的后，仍需完成许多后续动作，始可竟全功。例如打高尔夫球，你在击球的下挥杆时，精准地在圆弧切点上，铆足全力以"甜蜜点"正撞小白球，漂亮极了！但，一击中的后，绝不可得意忘形，你得继续完成后续挥势，直到完美收杆；否则，小白球仍会失常，不是左钩、右钩，就是碰地、下坠，前功尽弃。同样的原理也适用在网球、桌球、篮球、棒球，乃至溜冰、滑雪。没有后续追踪就不会有完整、完美的结局；真正的后续追踪能让各个顶尖运动高手"优雅、美美地"（elegantly and beautifully）完成艰巨任务。

在企业运营中，或借用后续追踪，或转用跟踪（follow up）提醒：一招奏效后，许多后续工作仍有待推动；不可得意忘形，不要以为成功在望。在这个多变的环境里，好的开始肯定不到成功的一半，一成都不到，一定要继续追踪。"追踪频度"与"员工对当责的认同度"还有莫大关系，有一份调查研究报告如图9-2所示。

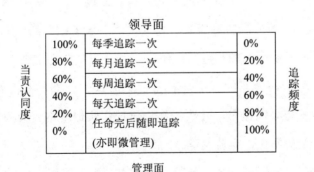

图 9-2　当责认同度与追踪频度对应表

参考资料：J. L. Lindland, President, QualSAT, Inc.

举例来说，如果你的属员对当责的认同度，只有差强一半的50%，那么，你的追踪频度是每周一次，轻忽不得；如果，当责认同度趋近于0%，那么，你可能上一刻交待工作，下一刻就需追踪，成了不折不扣的"微管理"（micromanagement）。往好的方面看，如果，当责接受度趋近100%呢？也需追踪，每季或每年（每年应是太长了！）追踪，成了最成功、最不扰民、最尊重员工，又可交出成果的真正"目标管理"了。

当责让"后续追踪"不会成为艰巨任务。

不必追踪而有成果者，几希矣！管理一个通律是，"你能达成的是：你一再查核的事，不是你一直期望的事。"（"You achieve what you inspect, not what you expect."）

9.2　当责是执行力的灵魂

谈执行力，你不能不提包熙迪与夏蓝，还有他们畅销世界的名著《执行力》（Execution）。也许，提多了令人心烦；但，世上又有几人能如包熙迪一样？他接手经营一家管理稀松的100余亿美元公司后，连续31季（约8年）每季EPS成长都大于13%！他分享实务经验，再佐以"著名CEO私房教练"兼哈佛名教授的管理学大师夏蓝的顾问经验；所以，还是耐住些性子吧。

当责在包熙迪与夏蓝的三层基石与三大流程中，都贡献出有力的行动工具、行为、态度与心理建设，乃至工作价值观；从最基本、最人性面的深层，推动执行力，无所不在，宛若灵魂。

在三大流程、三层基石中，处处可看到"当责"的踪迹。

　　☼　当责的基本态度与行为；再注意的是，"当责"与一般的"负责"在责任层次上的差距。

　　☼　个人当责，尤其在所有三层基石上。

　　☼　个体当责，尤其在"人力流程"中。

- ☆ 团队当责，尤其在"操作流程"中。
- ☆ 组织当责，尤其在三层基石里的第二层"文化重建"基石中。
- ☆ 企业当责，尤其在"策略流程"里。

当责，可以让你在许多模糊不清、模棱两可的处境里，更精准地看出问题、承担问题、解决问题。

"没有清晰的'负责'与'当责'，执行计划将一事无成；了解如何达成这个清晰度将是执行成功的中心重点。"

——赫比尼克，沃顿商学院教授

"Without clear responsibility and accountability, execution programs will go nowhere. Knowing how to achieve this clarity is central to execution success."

——L. G. Herbinick

或者，换个角度，以华人比较熟悉的语言来说明。那么，执行力也是一套系统架构，而非单一武器、一蹴而就。它包含了中国兵法中的5个层级，亦即：

战略、战术、战斗、战技及心理战/文化战。

这5个层级，在实战中，总是有高有低，难以完备；所以，执行力的高低也可大分为三个等级，如图9-3所示：执行力大师、执行力大帅与执行暴力派等三级区。

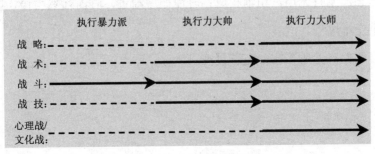

图9-3 执行力的三个等级

"执行暴力派"是行动第一,以每场战斗为主,偏向严刑峻法,其势强攻猛打,希望每战必赢,否则"提头来见";因此,常见到的是血淋淋的一面。一般企业战场上,却又屡见不鲜。他们经验累积够后——通常是失败经验,会向上提升一级,可能成为"执行力大帅"。

大帅不嗜血,不太爱"战场恶斗",开始了"战术运用";然后,再在另一个方向上,也很自然地向下推进一级——想到磨砺以须,需要加强各种"战技"。于是,执行成功、交出成果的机会大增;但,大帅总是"少了点什么"似的,也不断从败战中学习;最后发现"战术"不足以对付如此诡谲多变的世局,于是"战术"再往上升级,到了"战略"——希望"有远虑,无近忧"地,多看两、三年,希望学学古贤"运筹帷幄之中,决胜千里之外",也决胜三年之后。另一方面,同样地,除了提升"战略"外,硬性的"战技"也必须再往内精炼,以期炉火纯青而进入软性的"心理战"。"心理战"开辟了另一个广大的学习与战争的空间,后来再蔚成组织"文化战"。

终于,"执行力大帅"成为"执行力大师"。原来,"少了点什么"是少了那一横,那一横可不容易,是"困知勉行"、"殚精竭虑"后分别往上、往下又推进的一层。

"执行力大师"于焉形成,他具有战略、战术、战斗、战技及心理战/文化战的全面观。"当责"则以个人当责、个体当责、团队当责、组织当责、企业当责的形态,无时无地,相辅相成;时而循序渐进,时而幡然大悟,以推动组织的各个变革过程。

当责软件,无所不在,宛若灵魂。

9.3 当责是一种纪律

纪律，是国内企业组织乃至社会结构中，都比较松弛的一环。

"纪律"的英文是"discipline"，源自拉丁原文的"disciplina"。原是当时受教育者的用语，指的是一种井然有序的生活与工作方式；或者，一种强调把结构（structure）加诸生活与工作的必要性。

韦氏字典这样定义"纪律"：

- ☆ 修炼，尤指一种特定的行为或人格；
- ☆ 守律，一种服从定律的受命状况；
- ☆ 惩罚，因改善或训练需要而进行者；
- ☆ 就是一套行为准则或方式；
- ☆ 学科，学识或教学上特定的一支。

纪律的目标是，在创造一个有秩序的环境，形成一种正向的文化，以达成事业与生活的成功。

企业界对"纪律"最令人动容的描述是，柯林斯在《从优秀到卓越》书中所描述的一段真实故事。故事主角名叫史高特（Dave Scott），是夏威夷铁人三项竞赛的 6 次冠军得主。他在训练时，平均每天要骑车 120 公里、游泳两万公尺、跑步 27 公里。他相信，低脂高碳水化合物可多增加一份耐力与优势，于是，他每天吃乳酪时，还要先冲洗掉乳酪上的油脂（原文为"Rinsing your cottage cheese！"）——虽然他每天激烈燃烧 5000 大卡的热量，而乳酪上油脂只是微乎其微、纤纤之数，但，不要就是不要，纪律就是纪律。

柯林斯本人是职业级水准的攀岩专家，太太曾是越野赛的女铁人，所以对这种纪律要求也是亲身历练。他称这种纪律是超级纪律（super-discipline）：每天多拿掉一份油脂，每天都向前推动一小步；每一家从优秀到卓越的公司都如

此行事,十分简单,也十分艰难。

有史以来最畅销的管理书就是柯林斯的《从优秀到卓越》,这本书通书大书特书有三大主题:有纪律的人、有纪律的思考、有纪律的行动。

有人也在担心:这种结构化、特定化、井然有序的纪律会不会影响组织的创新?柯林斯细心说明白,像安进(Amgen)与亚伯特(Abbott)这样的优秀公司,怎样在严格纪律之下,活跃创新并成为卓越公司。

纪律不只不会伤及创新,还有助于创新;英特尔公司前CEO格鲁夫还曾挺身而出、仗义执言。台湾企业家宣明智在他的《管理的乐章》中也如此描述:"如果你碰上一个竞争者,同时兼具纪律与自由度两种特色,最好赶快闪远一点;当他们的竞争者,一定很辛苦,像英特尔或TI,都曾让对手吃足苦头。"

《圣经》是西方文化与文明的最重要源泉,在"箴言"第一章中说:"愚昧的人藐视智慧与纪律。"("Fools despise wisdom and discipline.")

"自由(freedom),并非没有结构(structure);而是有一个清楚的结构,让人们可以在所建构的边界(boundaries)内,自治式、有创意地工作。"

——佛洛姆(Erich Fromm),德国心理学家与社会学家

纪律不是老板用来对付下属的。苏元良先生在他的《嗥嗥苍狼》书中描述的"中式"的纪律是:"怕老板如遇瘟神",与"西式"的纪律有何不同的运作方式呢?常常是这样的情况。

中式:表面的、"朕"的、假象的、严厉的、非人性的。

西式:律己的、深层的、承诺的、严格的、原则的、价值观导向的、老板部属一体适用的。

我们要的是真正的纪律,这种纪律会"创造一个有秩序的环境,形成一种正向的文化,以达成事业与生活的成功"。

其实，**创新本身就是一种纪律**——"好主意"满天飞、"创意"四野奔驰；"创新"是将"好主意"、"创意"化为对顾客、对自己公司具有价值的新产品或新服务的一套流程。既是流程，就是一种纪律。

执行力是一种纪律——一种把事情做成的纪律(The discipline of getting things done)。一种"成事"、"交出成果"的纪律；一位佚名的企业家有个具体有力、相互辉映的说法：纪律就是知道什么事是必须完成的，然后确定那件事确实可以完成。有执行力的人严守纪律。

当责是一种纪律，是一种具体、特定的人格养成与全套行为方式。如果我们对第一篇与第二篇的内容做个回顾，那么，当责是这样的。

☆ 承担全责；为自己的思考负责、为态度负责、为行为负责、为绩效与后果负责；同时拥有因与果，因此为自己与环境负责。他们严守成事、交出成果的纪律。

☆ 传承原义；要算清楚的、需报告的、可依赖的、能解释的、知得失的、负后果的、重成果的。

☆ 运作有三种重要模式；都在避免陷入"受害者循环"而导致"完全地自我挫败。"

☆ 有完整架构；6个层次，拾级而上；但仍以个人当责为其最基础、为其核心。

☆ 是一种价值观、概念、态度、行为、行动、流程、架构与工具，用以领导他人及经营自己。

☆ 是管理的灵魂、领导的灵魂，是那"一以贯之"的领导之道。

作为一种纪律，当责也是国内企业组织乃至社会结构中比较松弛的一环，势将有它令人动容的故事，也将会有它令人担心、宛如双面刃的事；但，争执将逝，当责长存。

同为一种纪律，当责与执行力有很大交集；交集处是，人心、人性的软性面，是执行力的灵魂，是提升执行力的一个关键性成功因素。

作为一种工具，当责同时也让纪律更深入人心，更有脉络可寻，更具体可行，也让执行力找到了更坚固的凭据。

"马匹无法到达任何地点——除非被套上马具；蒸汽与燃气无法驱动任何东西——除非被限制在气筒里；尼加拉瀑布无法转成光与电——除非被导入水道中；生命无法成就伟大——除非聚焦、热忱奉献、严守纪律。"

——佛斯迪

"No horse gets anywhere until he is harnessed；No steam or gas ever drives anything until it is confined；No Niagara is ever turned into light and power until it is tunneled；No life ever grows great until it is focused, dedicated, and disciplined."

Henry Emerson Fosdick

回顾与前瞻

当责就是要交出成果，没有交出成果就是失败，失败就是失败，没有虽败犹荣。宏碁集团创立人施振荣先生说："只有承认失败，你才能重新站起来。"和信治癌医院黄达夫院长说："承认错误，是做对的事的开始。"

有一次研讨会上，有位高阶主管提问：当责会不会太"铁血"了？我随口直答：当责算不上铁血，当责是一种纪律；是有纪律的人、有纪律的思想及有纪律的行动，最后才是有纪律的成果。

在ARCI的团队纪律中，固然每个角色都有其不可旁贷，不同层次的当责，在A＋R的实作团队中，A尤其重要，他必须藉由当责而建立起来扎实的领导力与执行力，A真是个"千军易得，一将难求"的将才，将才是纪律的化身。

也许，在组织内各阶层的团队中，我们总有一些团队负责人缺乏纪律、缺乏当责，因此让管理界呼喊了几十年的"分层负责，充分授权"一直难以实现，部层如不愿勉力负责，你还敢分层授责，给出充分权柄吗？

唯有先经过严谨的当责纪律的考验，人们才能开始享受自主自发，充满成就感的充分授权，终而进入赋权（empowerment）的更人性化的管理世界了，那就是："分层当责，充分赋权"的管理世界了。

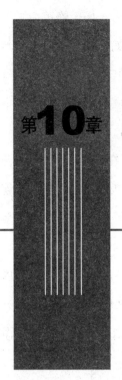

第10章 当责——推动跨部门团队的运作

跨部门运作正在进行一场宁静革命,却也成为成员与主管心中的痛。为什么总是难以顺利推动、成功运作?当责在其间,作用如精灵;给你6个精彩的企业实例与一些个人顾问经验。

跨部门团队的运作在20世纪90年代开始盛行，被称为一场宁静革命。

因为有越来越多的公司，因实际需要也因时势所趋，就静悄悄、自自然然地成立了跨功能、跨部门，乃至跨时区、跨国家的团队。其实，这场"革命"，一点也不宁静，每个参与的人，心中总是波涛汹涌，常在疑虑不已、前途未卜的情况下进行、完成工作——或，并未完成工作。

跨部门团队最著名的成功实例是戈恩(Carlos Ghosn)在1999年以公司营运官(COO)身份，成立并运用9个全公司层级的跨部门团队改造，也救活了连亏9年、奄奄一息的日产汽车。自此，戈恩名震全球汽车界，目前是身兼"全球500大"中两家超大型汽车公司CEO的第一、唯一人。

跨部门团队也是一种团队，升高一个层次的挑战而已。如果，运作难以推动，甚至失败，却常肇因于团队本身的问题，亦即，纵使不跨部门也会失败——团队不管跨不跨部门，都有一些基本运作的基础，这些基础不牢固因而引发失败，不能让"跨部门"背上黑锅。

所以，跨部门团队要运作成功，应该首先再回顾一般团队怎样运作成功的？甚至于，再退一步说，一定要有"团队"吗？有没有见过一些英雄好汉，单枪匹马，建立了汗马照汗青的大功？

我们要为"团队"而"团队"，为"跨部门"而"跨部门"吗？因此，回到基本面的第一个问题是：

一定要有团队吗？

如果，你授命的是一项单纯而直接的任务，一人也兼具了该有的知识、专业技术与技能；那么，就单枪匹马、走马上任并全力以赴吧；你可能只要尽情发挥个人当责，就能功成名就了。你像一位高尔夫高手，铁杆、木杆都擅长，推杆一级棒；EQ超强，心境稳若泰山；如果再配上旺盛的企图心，那么，你不需团队，不必仰赖队友——队友太牵扯、太沉重，你一人即可独立夺标。

另外有些工作，你觉得势单力薄，需要更多人手。你开始考虑建立团队，如果这种团队并不太需要太多互相依赖的技能或资讯，例如游泳队及网球、高尔夫国家代表队，你还是可停在"工作团"的定位上，如第 6.3 节所述，会比较单纯而有效。这时候，各个优秀的成员仍旧各自尽情发挥所长，最后加总就是最佳成果了。这种工作团也常出现在一个大型组织的高层运作中，如总裁与其幕僚们，与各大总管们，又如大公司的人事部门、财务部门，乃至各国分公司的运作等。

如果你发觉问题更复杂，影响更多元多方，不只需独立自力，还需互信互赖，互补不足，需依赖如个体当责、团队当责、相互当责与合体当责，才能共创佳绩。例如：打篮球、打棒球，这时你就必须建立团队了。在企业界，这种团队包含从部门内的小小特别任务团队，到跨部门的流程管理，或新产品开发团队，或项目团队，及跨国、跨时区的所谓"虚拟"（virtual）团队。

下面我们开始分述，"当责"在团队成功运作中，所扮演的关键因素。

10.1　团队运作的金三角纪律：当责是其中之一

成立团队耗时费力，要有：精编人力、共同目标、共同语言、互补技术、承担当责、互赖互信，也随时互有冲突，故失败几率是很大的；但，成功的果实甜美，效果常不只是相加而是相乘，故企业界组团还是前仆后继，明知山有虎，偏向虎山行。凯真巴克积 30 年麦肯锡顾问经验，图 10-1 画出了团队的绩效曲线，启人深思。

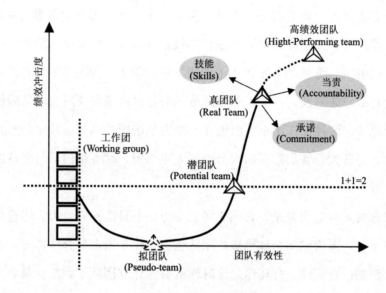

图 10-1　团队的绩效曲线

参考资料：J. R. Katzenbach: "The Wisdom of Teams"

这张图明示团队5个不同阶段的挑战与绩效冲击，充满了实战经验与智慧，我加予整理后，并进一步阐释如下。

第一阶段，正是所谓的"工作团"。基于某些原因，他们并不想成立团队，但要分享情报、经验、策略与决策，成员大抵都是一时之选的独立工作精英，他们追求个人（或个体部门）最佳绩效，期许加总后的总绩效能符合大老板期望——以数学式来表示，就是：1＋1＝2，各竟全功，皆大欢喜。

第二阶段，被称为"拟团队"（pseudo-team）。大家想组成团队进一步提升绩效了，于是想：可以1＋1＞2吗？但，因缺乏组团的智慧与经验，故冲突激荡不已，颠簸前行，难以互动，嫌隙也在无意中滋生、日增。最明显症候的是：缺乏"当责"的概念与运用，也无共同目标；所以，成果是苦涩的：1＋1＜2，真的是小于2；我们因此常看到很多团队在此挣扎，也自我怀疑，是否步上了一程冒险之旅？前途堪虞？鼓起勇气继续前行吗？或急流勇退？更多的是，且战且走，盼望船到桥头自然直。

第三阶段，称为"潜团队"（potential team）。此时，共同目标逐渐形成，可是仍缺纪律，仍缺相互当责、团队当责；但，这时可能已出现了绩效相加的起码成果了，有潜力成为团队，且回到 1＋1＝2。松了一口气，但相乘效果仍是可望不可及的。

第四阶段，是为"真团队"（real team）。共同目标已清楚沟通，互补技术正在发威，团员饶有承诺、担当责——终尝到了真团队 1＋1＞2 的佳美果实了。

第五阶段，称"高绩效团队"（high-performing team）。绩效是 1＋1＞＞2，成员能相互许诺于相互的成长与成功，可以牺牲小我、完成大我，可以预见别人需求而预予准备，能高度协调并且互信互赖——记得马戏团中高空飞人、接人的场景吗？这种团队能超越别的竞争团队，也总是超越自己既定目标，是组团企业人的梦幻团队，是当责的当然表演。

回到现实。

我们组成团队，却不怎么成功，问题到底出在哪里？

☆ 仍想不适切地留在"工作团"的状态？

☆ 仍可以忍气吞声、逆来顺受地接受"拟团队"的"歹命"命运？

☆ 看不到"真团队"的真实运作——"我老板的团队更糟！"

☆ 团长与团员都急功近利，甚至杀鸡取卵；一再漠视团队之"行前训练"如：当责、个人当责、个体当责、团队当责、组织当责。一再漠视如：依赖性→独立性→互信互赖性等的软性技术技能与管理——大家总是拿着各自非常专长的硬性技术，硬碰硬地冲撞比拼？

在华人的实务世界里，还有其他鲜明因素如下所示。

☆ 工程师心态：公认工程技术才是第一，且近乎唯一，其他都是假的，"管理是骗人的"。

- 团长总是技术大将，且意外地天降大任(称为 Accidental PM)，事后亦缺乏成员行前训练，乃至不知也要自我训练。
- 特重逻辑，成员间无法互谅常是违反逻辑的人性。
- 没做"家庭功课"(homework)，在团队初始阶段的各项准备与投资明显不足，甚或付诸阙如；仓皇成军上战场。
- 没能预见困难处——如 1+1＜2 处，而预做准备；总认为水到渠自成，瓜熟自然蒂落。这段陷阱又称"塔克曼模式"(Tuckman Model)，塔克曼于 1965 年建立，至今仍颠扑不破；但，总一再被忽视略过。
- 难以建立共同目标；或许，能做到"我同意，所以我承诺"("agree and commit")，但总难想到要"我虽不同意，但也下了承诺"("disagree and commit")；以至难以服众或服"关键少数"。
- 中华文化的不当影响；无法由"己所不欲，勿施于人"的古训，蜕变成"人所欲，施于人"的现代主义客户导向观。
- 没见过高绩效团队在尘世间出现过：真的有人会帮助别人成功？预见也预助别人未来困难？1+1>>2 只有在教科书与小说中见过？

凯真巴克等在他们号称有 15 国文字译述的名著《团队的智慧》及其后续的《团队的纪律》中，详细分析团队要成功要有三大纪律：

- 技术(skills)
- 承诺(commitment)
- 当责(accountability)

三大纪律构成金三角，这个金三角随后会让团队继续往上发展、成长并成功。技术专家们不宜抱残守缺、紧守"技术"一角，而冀望飞黄腾达、直冲云霄。

这个金三角要滋长、会成长并有相乘效应，与图 10-1 中第一阶段的 5 个长方形"工作团"有很大不同。

我们再从另外一个角度来看，团队如何运作成功。

10.2　团队运作的金字塔结构：当责起承先启后之用

没有一个团队能成为真正的团队或高效能团队，除非有"当责"在其中运作。

当责在团队运作中能让你避免陷入障碍，进一步提升心境，对团队最后阶段的"交出成果"，扮演的关键角色是承先启后的。美国加州硅谷地区圆桌顾问公司总裁蓝西欧尼（P. Lencioni）号称有百余位资深经理人的顾问与教练（coach）经验，在他畅销名著《团队的5个障碍》（The Five Dysfunctions of a Team）中建立模式，说明如何避免团队陷阱与职能障碍。我把他的论述重新整理后，改写为正面而积极的演绎，如图10-2所示。

图10-2　团队运作的金字塔结构

本图取材并改进自：P. Lencioni: The 5 Dysfunctions of a Team

基本架构固然源自蓝西欧尼,演绎后应更具意义;可逐层探究团队成功的要素。金字塔顶星光灿烂,是因团队成功达成目标、交出成果后的普天同庆。就管理要素来说,团队要交出成果,成员一定有承担当责——分别如我们前面论述的个人当责、个体当责及团队当责。成员愿意承担当责,是因为他们心甘情愿,许下了承诺;心甘情愿许下承诺,是因为他们有了充分的沟通,充分地表达意见,甚至已有过"建设性"地对抗,没有屈打成招,没被刻意陷害;不打不相识,对抗过后有了相互尊重,也有了进一步的承诺。

再深一层来说,"对抗"与"冲突"不同,"对抗"不致于燎原而一发不可收拾,是因为成员之间已建立了互信——互信共为一个目标而努力,互信各自有强项与弱项,相互沟通、互不隐瞒,也知道团队成立的宗旨就是精简人力、撷长补短(更明白说是:我专长的,就非你专长;所以,我不能用我的专长去攻击你的非专长。多个同专长的人同处一团队,固是较好沟通,但违反团队精简人力的原则)、相互支援、相互信赖,以期在更短时效内达到顶峰,交出团队成果!

大道至简。

这段逻辑架构或心路历程,至简易明。但,在团队的实际运作中,却艰辛无比,仿若天方夜谭。要成就这一趟旅程,宛如一层又一层的内剥洋葱,一次又一次的泪流满面。

好在,泪流完后,眼睛更清,视野更深、更广、更明。

不信吗?先谈第一层的顶峰,团队真的要"交出成果"吗?如果真的要交出成果,光是交出什么成果?就会辩得满头大汗,最后常还不了了之,或不甚了了,且战且走,美其名曰保持弹性。

向内剥入第二层——从来不了解"当责"为何物?总想独善其身,或打一场角色与责任的迷糊战?——"我们公司本来就这样运作的。"

再往下深入剥一层，才到第三层几乎已是不可行——"学理上讨论讨论是可以"。更常听到的是：成果管理又不是"结婚"，何需"承诺"，唯有"大棒与胡萝卜"（carrot & sticks）！

"大棒与胡萝卜"，史蒂芬·柯维称之为：动物式激励方式。是仍可用，也仍在用；但，在"知识工作者"时代越逼越急时，已窘态毕露。知识工作者时代的有效成果管理，应该坚定地由"承担当责"起，再坚定地往下剥三层。

戴文波特（T. H. Davenport）在2005年哈佛出版社出版的著作《以思考为生》（Thinking for a living）中，讨论了"知识工作者"的工作性质与特征，综结5个结论如下，值得"知识工作者"的老板们想一想。

1. 喜自主、能自治，不爱被告知怎么做；传统激励方法常不适用。

2. 知识工作不易归纳出特定的详细步骤与工作流程，或化成框框线线；但可藉系统化的观察或"钉梢"（shadowing）了解最细节。

3. 认定所从事的每一件事的背后几乎都有个理性——至少有个合逻辑的合理化说明（rationalization）。

4. "承诺"很重要；如果要有优异绩效，需要有心智上与情感上的承诺，及"公平程序"（fair process）的感觉——不只是结果公平，程序也要公平。

5. 珍视知识，不轻易分享，尤其在有工作威胁时。分享专业知识需有一套奖励与保障制度。

如果，有人不觉得已身处"知识工作者"时代，就愧对五、六十年前即已预言知识工作者时代来临的彼得·德鲁克了。

所以，洋葱继续往内剥。要承诺，就要再走过建设性对抗，再往下走一直到敞开胸怀、建立互信。

也许，我们从反面的角度，再来审视这个团队成功的金字塔，更能刻骨铭心些。

10.2.1 如果你没能"交出成果"……

这里,我们谈的是团队,所以成果指的是团队成果,或说集体成果。如果团队没成功,个人就无所谓成功;不过,认清这点有时也很难,连某些 CEO 都难做到——你看过有些 CEO 自传中的描述吗?他说其实他个人是蛮成功的,虽然公司失败了。

老谈"成果",有些人也认为这种"成果主义"者实在太"功利主义"了;人活着或工作时不一定为财、为利、为一些数据,总还有一些其他重要的目标吧?没错!但"其他重要的目标"是什么?也应想清楚、写下来,才能达到吧!如果你又说,目标只是说一说,也并不一定非达到不可,那么你一定不是个认真的企业人,我们就无话可说了。

"其他重要的目标"?其实在近代管理中已有许多深入的探讨,有系统地综观目标已如第 8 章所述,包含两项如:财务性目标与非财务性目标(又包含营运性目标与社会性目标),如果你的"其他重要的目标"是指比较软的"社会性目标",那么也是可以定义、定性、定量,然后如期完成的。

所以,"成果主义"并不等同"功利主义";团队总是要订下目标,目标也可以含有"非功利"项目,订下目标后,总要设法达到;没有达到就算失败,失败了就坦然认输。屡跌屡起、越战越勇也越发成功的施振荣先生就说:"不认输,就不会成功。"

如果,你不明了交出(集体)成果的重要,你会:

☼ 让业务成长停顿;

☼ 无法保住成长导向的优秀员工;

☼ 难以打败竞争对手;

- ☼ 急于寻求个人成绩，不当增加个人主义式行为与个人目标，腐蚀团队成功；
- ☼ 容易被其他目标勾引；
- ☼ 不愿为全团队牺牲个人或个别部门；
- ☼ 因团队目标失败而重创士气。

美国杜邦公司在 10 余年前，为全面积极培育领导人才，曾聘请合益（Hay Groups）顾问公司发展方案。该顾问公司对杜邦全球约 4000 位经理人员全面调查，曾征询的一个问题大意是：你现在已是个经理人，你认为过去 10 年来，职场成功的关键因素有哪 10 项？调查结果，高高在上第一名的是："交出成果"（"get results"）。记得还有一个问题是：如果要继续保持成功，你认为未来 10 年成功的关键因素又有那 10 项？调查结果，高居第一的仍是："得到成果（get results）"从第二名起，犹记那些关键成功因素都已改变了。

200 余年老店的经验，应该弥足珍贵吧！

10.2.2　如果没人承担当责……

这里谈的当责，包括：当责要义、个人当责、个体当责、团队当责，及可能应用的当责工具，如 ARCI。

如果没人承担当责，而团队照样功成名就；那么，硅谷名顾问蓝西欧尼如是评："没有当责，成果只是运气。"（"Without accountability, results are a matter of luck."）

"肤浅的人仰赖幸运；强壮的人，相信因果。"

——爱默生（R. Emerson）

在现代管理实务中,要把团队运作向下推动至此层,事实上已很困难。柯维在《高效能人士的第8个习惯》中公布他们对2300位在关键企业中关键位置上的员工、经理、及高阶主管做过调查,结果是:只有10%的人认为,他们的组织会要求员工承担起对成果的当责。

这项调查结果颇具震撼力,组织的主管们大都没有,也不愿或不知要求属下承担当责,属下也多没想要多此一举地承担当责。

如果,没有人愿意承担当责……

☼ 绩效差的人没有改进的压力与冲力。

☼ 鼓励平庸之才。

☼ 贻误工作限期(deadlines)及关键产出(key deliverables)。

☼ 透过塞责,让上阶领导人承担过度责任;据调查,至少虚耗主管20%~30%的时间与精力。

☼ 三不管的白色空间或灰色地带,不断扩大。

☼ 无法培育领导人才。

☼ 没绩效的人逍遥自在,其他的人加倍工作,弥补缺失。

☼ 沟通中断,本位主义蔓生。

☼ 对成功的肯定消失,成功者同趋平庸。

洋葱继续往下再剥……

"高层经理人亏欠组织与同工的是:不能容忍缺乏绩效的人担任重要工作。"

——彼得·德鲁克

"Executives owe it to the organization and their fellow workers, not to tolerate non-performance people in important jobs."

——Peter F. Drucker

10.2.3 如果不能许下承诺……

谈起"承诺",想起前述有关猪与火腿的故事吗?

从"认知"到"承诺"是有一段漫漫长路:你想过怎么"参加"一个会议吗?

- ☆ 参加(attend):志在参加,不在得奖的参加;共襄盛举,行礼如仪的参加;既然受邀,得些资讯也好的参加……

- ☆ 参与(participate):心态上已往前推进了一步,不是"观察员"(observer),已经会对会议有所贡献了。在美商公司会议中,常会事先要求:"No observers; total participation required"。意思是说:不许在一旁看热闹,不是只在一旁学习,必须参与发言、讨论,做出贡献,否则下次不请你与会了。

- ☆ 介入(involve):好,你已经决志加入了,你已有了认同与行动了。你可能要作为 ARCI 中的 R 或 C,甚至是 A 的候选人——在一个项目上,或项目内的任务,或子任务上;或至少是 I 了。

- ☆ 投入(engage)或承诺(commit):你已经盟订约合——可能是书面上、口头上或心理上(是"psychological contract")看来不会毁约的。承诺是一种一言九鼎、一诺千金,当仁不让、当责不让的承诺。

怎样进一步说明"承诺"?

很多公司的价值观里都列有"承诺",伊梅尔特的 GE 8 个新价值观中,有"当责",也有"承诺";台积电 5 个价值观里,也有一个"承诺"。

据说,全世界公司中,对"承诺"最认真推动、最大量使用、最有效运用,并且收效最宏的,当属戈恩主政下的日产汽车!在日产,"承诺"是不折不扣、第一重要的字,也是主管日常使用最频繁的字。在他们内部的"英语关

键词字典"里,"承诺"的正式定义是这样的:

"承诺是一种将被完成的目标(objective),这种将被完成的目标是以数字化的数值展现与盟誓的。只要一经承诺,就必须达成;除非有特殊意外事件发生。如果目标不能达成,那个人就必须承担后果(consequences)。"

日产另一个更实务的现场定义是:

"承诺就是经理人对戈恩所做出的个人许诺(personal promise):商定后的目标,将被完成——交出成果或付出代价。"

日产的制造执行副总高桥先生(Tadao Takahashi)回忆说:"开始时,这个观念很难接受;但,日复一日、日积月累,现在我们都已能了解承诺的真谛了。"

承诺也不是一头热,或两头热;仍应里应外合,也有环境配合,员工在什么状况下才会做出承诺?有一份缺了来源的资料如此建议,它的战术运用称为"VOICE"。

V:指"Vision",工作要有意义、有目的、有价值、有愿景;要知道"为何而战",不是只为"上级交办"。

O:指"Opportunity",有成长与学习的机会,这种机会的提供可以抵销许多对环境与待遇的不平。

I:指"Incentives",可以分享工作与公司的成果,有公平的奖励系统;或指Impact,能加入有意义的项目,参加与自己有关的决策,造成影响力。

C:指"Community",让工作环境成为一个能合作、能分享、能协同的共同体社会;或指"Communication",公司内充分沟通,了解公司真实状况及自己的真实处境。

E:指"Entrepreneurship",宛如内部创业般地拥有工作的"所有权",及方向的自由度。

"VOICE"……发声吧!

每一个字母、合成一个字,都足以打通工作者,尤其"知识工作者"的心灵;虽然每个人对"VOICE"中各项,可能有不同的权重!

许多公司不愿在"VOICE"与"承诺"上用心经营,仍愿回到"大棒与胡萝卜"的原始捷径。于是,传统工作人员的心态总是:老板有令,令出必行,做了就是;或是,老板有难,拿人钱财,与人消灾;或者,道不同,不相为谋,一走了之。

如果你不能许下承诺……

- ☼ 会在团队的方向与优先性上,有意无意地创造模糊。
- ☼ 眼睁睁地让良机在"过度分析"与不必要的耽搁中流失,或流入竞争者手中。
- ☼ 让"缺乏信心"与"害怕失败"在团队中滋生弥漫。
- ☼ 不断重复讨论与决议;过度分析形成议案瘫痪("paralysis by analysis")。
- ☼ 间接鼓舞团员间的二心与猜疑。
- ☼ 缩回"我尽力而为"、不想承诺的世界。

10.2.4 如果害怕建设性对抗……

既然开放了讨论空间,想寻求承诺——尤其是知识工作者成员的承诺,讨论就可能会发展成或大或小的争辩或争执,形成"对抗"(confrontation),对抗与冲突(conflict)不同。

"对抗"有如下所述一些特色。

- ☆ 对抗是不同意见或思想的表达；原属中性，但可能导向正面的建设性对抗，或负面的冲突（conflict 或 conflictual confrontation）。

- ☆ 对抗的对象是差异的事或物，不是人；或，华人常说但难行或不愿如此行的："对事不对人"。

- ☆ 对抗迟早都将成为不可避免；如不愿及早介入正面、积极性对抗，则晚些多将演变成负面性冲突。

- ☆ 建设性对抗常是主动性的、仔细规划过的、有准备的、预测性的，是许多若……则……（"what if"）式的操演。

- ☆ 在任何阶层中的任何人，都应被鼓励介入建设性对抗中。

- ☆ 领导人的最基本责任之一是：领导建设性对抗。每日为之、每周为之、每月为之；有同级（peer-to-peer）的对抗、有下属对领导（member-to-leader）的对抗。

- ☆ 建设性对抗的目标在于：减低冲突，增强"承诺"与"当责"。

如果你害怕建设性对抗……

- ☆ 会议会变得无聊、无趣；想想看，多少技术人员多讨厌老板主持的会。

- ☆ 容易滋生后院政治与人身攻击的工作环境。

- ☆ 忽视对团队成功很重要但具争议性的议题。

- ☆ 重要"异议"，最后终将如"癌细胞"般发作蔓延。

- ☆ 无法广搜意见，察纳雅言。

- ☆ 浪费时间与精力在无谓的人际关系上，无法把重要问题端上台面。

毋需害怕建设性对抗，理由还有下列 4 个。

道理越辩越明

除非如船将下沉、楼已失火等急需火速行动外，有对抗力（confrontation force）

在对抗时，会让原有的驱策力（driving force）蜕变成为调合力（reconciliation force），而更具有说服力与执行力了；其作用原理可称"三合力"，如图 10-3 所示。

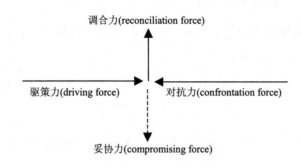

图 10-3　调合力是正面的合成力

需注意的是：调合力是调和鼎鼐后的合成力，去除了争执部分，保留既有价值物，故与向下走的妥协力——各自牺牲一部分以达成协议是很不同的。

在第 7 章组织当责，讨论企业文化的建立时，曾提及首重价值观。价值观这种"驱策力"同样是要经过检验的，其"对抗力"即是各种澄清（clarification）的力量，例如质询：这种价值观为何重要？合于这种价值观的行为是什么？不合的又是什么？似是而非、似非而是乃至已积非成是的又如何解决？这些"对抗力"调合后的价值观才能进一步蜕变成员工"信仰"。一系列对抗到最后，就产生企业文化的力量。如果价值观这种"驱策力"不敌或不愿面对"对抗力"，那么价值观就沦为口号，企业文化也势成空谈。

过程越来越重要

金伟灿与莫伯尼在他们 2005 年著作《蓝海战略》中，博引实例，说明企业战略如要执行成功，在战略形成过程中一定要引入"公平程序"（fair process）；

并说明"公平程序"有三个 E：Engagement（盟订）、Explanation（解说决策如何形成）及 Expectation clarity（把最后的目标、中间的里程碑及全程的角色与责任说明清楚）；然后才能在态度上建立"信任与承诺"，让成员能：

☼ "我觉得我的意见被重视"，接着；

☼ 激发"志愿性合作"、愿意"超越职权，做得更好"，最后；

☼ 自我实现，超越期望。

所以，"执行"已非"上级交办"开始，"交差了事"结束。中间过程的意义，日渐壮大。

金伟灿的"公平程序"与更早数年在《哈佛商业评论》中所述的"程序正义"（procedural justice）相近，该文章中说：英国一位妇女，开车时违规右转，被警察开了罚单；妇人不服，告进交通法庭，因为禁止右转的警告牌掩入茂密树叶中。开庭时，法官没等她辩解，即径行宣判她胜诉；因为同一地点、同样案件已非第一件。但，妇人对判决不服，深觉受辱，因为法官没听她准备了许久的辩诉。所以，成了一桩赢了结局但不服中间"程序正义"的案例。

中间的讨论过程已越来越重要——不论是折冲、对抗或冲突；但最好在"冲突"之前，还是领导"对抗"才更有利。

一言堂越来越辛苦

如图 10-4 所示，对不断在处理会议中"对抗"的主事者来说，一言堂式的决策过程"和谐愉快"，真令人羡慕；但，决策完后，沟通与执行才是真正头痛的开始。

在许多现代企业实例里，成事的整个过程越来越难由"一言堂"方式，如愿地一以贯之。

就整个成事的"效率"与"效果"而言，也不应由"一言堂"方式来运作，徒然让"决策"在经过"沟通"而进入"执行"阶段后,意见仍然波动不已,甚至还越界地形成惊涛骇浪。图 10-4 是很多现代企业痛苦经营后积累的经验,值得现代领导人深思。

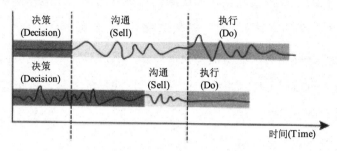

图 10-4　两种决策过程及其成果

最苦应不过如此

曾在一篇报导中看过张忠谋说的小故事:他与一位叫杰克的同事大约同时离开了 TI(德州仪器公司)。杰克前往英特尔就任新职,在新职上,新官上任讲了十几分钟话后,邀请同仁评论。不数秒,一个家伙发言了,劈头就说:"杰克,你刚讲的话多是些屁话!"(英文原文照录是:"Jack, you were full of shit")饶是来自很开放的 TI,碰到更开放的英特尔也难予忍受。他愣住了,也回过神了,也开始了讨论。

听说英特尔所倡导的"建设性对抗"成功地及早扼杀了许多企业"癌细胞",让"癌细胞"无法滋长,或延后发作而蔓延全身、不可收拾。英特尔人追求的不是表面的、假象的、静态和谐,而是勇于争辩、无惧对抗的动态和谐;不只是同事对同事,这任的 CEO 也对抗过上任的 CEO。对抗的是不同意见或思想,对抗的对象是差异的事或物,不是人;现代领导人的基本责任之一是:领导建设性对抗。

10.2.5 如果没能建立互信……

好了,我们已经很惊悚地、泪流满面地推到团队成功运作的最底层——要建立一个"互信"的基础了。在互信的基础上,我们才不会害怕创造"建设性"的对抗。道理越辩越明,程序正义获得伸张,然后我们得到成员们的承诺;这些"重然诺"的知识工作者,终于找到了心理底层的支撑,承担起当责,努力奋斗,最后交出战果!

如果没能建立互信……

- ☼ 会互相隐藏/隐瞒弱点与错误。
- ☼ 不愿请求帮助,或提出建设性意见。
- ☼ 不愿在自己责任区之外提供帮助。
- ☼ 对别人的态度与意图,喜欢骤下结论,不愿尝试去认清。
- ☼ 无法体会并认清或寻求别人的技能与经验。
- ☼ 浪费时间与精力在行为的政治学上,如:"动机论"、"阴谋论"。
- ☼ 不情愿道歉,或接受道歉。
- ☼ 逃避会议及其他会商机会。
- ☼ 过度保护自己。

"信任有润滑作用,它让组织运作变为可行。"

——华伦·班尼斯

"Trust is the lubrication that makes it possible for organization to work."

——Warren G. Bennis

如果你是高层领导人,影响力很大,风行草偃,要特别注意。要思考的是,如何从自己做起,先信任他人;所谓用人不疑,用了以后还会化小信为大信;

然后才让自己被人信任,此中最重要的领导特质则是如公开、透明、诚信与当责——这4种要素与CEO承担"企业当责"的要素一模一样。领导人培养自身特质成为部属或社会大众所信任,在此正是一举两得、一鱼两吃,值得下苦心栽培。

如果你只是个独立工作者,那么就领导自己吧,道理也一样,先信任别人,再为人所信任。在信人与被信的历程中,个人当责与个体当责自然是一大主力兼助力。

你还在隐藏/隐瞒弱点吗?

每个人都有弱点——一个脆弱的、不好保护、易受攻击的点,西方人称之为"凡弱伯"(vulnerable)。很多人害怕因此而伤害了自己的可信度与权威性;于是,尽力隐瞒弱点、捍卫己见,无法自承错误,把最大弱点保护成最大秘密。

英国伦敦商学院的"高层经理人教育学院"副院长兼美国哈佛商学院教授高非(R. Goffee)博士,在一个项目研究中,曾与数千领导人座谈,要找出当今领导人的共同特质。结论时,高非建议:领导人要学着做个"凡弱伯"(be vulnerable),适度展现自身弱点。

领导人适度展现自身弱点,可以表现出其可亲近的人性面,利于建立互信与合作气氛,并有助于员工做出承诺。现代领导人已非高不可攀,还有谁愿意与完美无瑕的真圣人或假圣人一起工作?

每个人自然都有弱点,纵使全身刀枪不入的阿喀琉斯也有个脚踝,易受攻击。当领导人欲盖弥彰或掩耳盗铃般地在尽力隐瞒自己弱点——对部属而言,可能已昭然若揭;部属们也都开始各自隐瞒弱点,每个人都想建立自己的"不可伤害性"(invulnerability),于是互信的基础与环境就越来越脆弱了。

"要打动人,你必须上火线,把罩门打开。"

——王文华,《史丹佛的银色子弹》

当然,"凡弱伯"也有注意点;领导人展现弱点也应该有选择性,高非博士建议展现的是如:

- ☼ 无伤大雅的弱点——例如上台讲话也会紧张;
- ☼ 像是优点的缺点——例如是个工作狂;
- ☼ 不可以是损毁专业形象的致命伤——例如,你不懂 DCF(折现后之现金流量),回家后应尽速补修,不要把专业当笑料。

领导人有"凡弱伯"的涵养与经验后,建立领导风格,在团队中就容易建立互信。所以,近年来,国际上许多著名领导会议都会谈到:以"凡弱伯"建立"领导力"——"Lead by your vulnerability"。听起来,有些自相矛盾;想一想,有些道理;做做看,会成功的;尤其是在这个"知识工作者"的新时代里。

领导人成了"凡弱伯"后,更有机会更上层楼成为"憨伯"(humble),是为柯林斯眼中的"第五级领导"——兼具领导与管理才能、谦虚态度与专业坚持的领导人。"憨伯",对许多华人来说,可能不是什么难题;但,对洋人来说,常常是最痛苦的挑战。

看来,东西方领导人,常各有各自的挑战。

10.3 当责是团队运作的关键组成

团队经营要交出成果,挑战还真多;由独立贡献者的 1+0=1,到工作团的 1+1=2,到真正团队的 1+1>2,乃至高效能团队的 1+1>>2;真是一条漫漫长路,许多团队陷入 1+1<2 的陷阱后,进退失据,没了士气也无计可施。本节综结前述两种模式,期望有所帮助。

其一,凯真巴克的:当责+承诺+技巧——金三角基础。

其二，蓝西欧尼的：互信→对抗→承诺→当责——金字塔论。

退而结网，两者皆可用；若能先鞭一着、预做准备，那么收网时，就丰收可期了。两种模式都与当责有莫大关联。

在现代企业管理中，以蓝西欧尼的金字塔模式而论，事实上每往下推一层，都增加莫大的困难与苦楚；如无领导者的远见与坚持，无以致之——例如，前有英特尔前CEO格鲁夫，亲自接受冲击，建立了建设性对抗的企业文化。

"大棒与胡萝卜"与"命令与控制"（Command and Control）的管理方式仍会继续存在，继续有用；但，在当责时代、在知识工作者时代，转机已浮现，"激励与影响力"（Inspire and Influence）势将在未来的管理市场中，占据越来越大的市场占有率；现代与未来领导人，就有请预做准备吧。

现在，我们对一般团队的成功运作应该有了更大的把握了；因此，对"跨部门"团队的成功运作也应该会有更大的把握。下一段中，我们将看看"跨部门"运作乃至"虚拟化"团队运作的几个主题与实例。

10.4　当责是跨部门团队成功的灵魂

有了前述有关一般团队运作的基础认知与努力后，挑战"跨部门"与"虚拟化"团队成功所需的"活化能"业已下降许多。

从下列6个主题或实例中切入，可让我们快速看清全貌，并思考解决之道。

1. 诺基亚（Nokia）跨部门团队的发展模式。
2. 你的虚拟团队（virtual team）有多"虚"？
3. 跨部门还跨越了什么？
4. 一个软件设计业的简例。

5. 跨部门团队失败的主因。

6. 怎样建立一个成功的跨部门团队？

前三个主题，偏向跨部门团队发展的现在与未来，及遭逢的主要问题与挑战；后三个是实例与实据，偏向解决问题并阐释"当责"在跨部门运作成功的关键角色。

10.4.1 诺基亚跨部门团队的发展模式

诺基亚在芬兰，据称诺基亚的 Nokia 原是胶鞋的代名词，一如 3M 的 Scotch 品牌在美国代表胶带，施乐公司的 Xerox 曾代表复印。

诺基亚原是一家从事森林、造纸、橡胶的传统化学业，在 1990 年左右转型进入通讯电子业，一、二十年间迅速蜕变成为通讯电子业的巨人，诺基亚的品牌价值竟然在全球激烈竞争中，总是排在前五名。在这超快转型与极度成功的发展过程中，跨部门团队的运作是他们很重要的一环；在诺基亚的案例中，我们看到他们如图 10-5 所称的三代竞争。

第一代是个典型的功能性组织：内部导向、上层交待是焦点(input-focused)；是预算驱动式的，有多少预算做多少事(budget-driven)；以功能/部门为主轴，由上而下垂直运作。

第二代竞争则已成横向操作：外部导向、以跨部门的产出为焦点(output-focused)；是市场驱动式的(market driven)，有跨部门流程在协助看清并迅速有效满足市场的真正需求；功能性组织转向流程式组织。

第一代竞争
- 内部导向(Input-focused)
- 预算驱动式(Budget-driven)
- 功能性组织(Functional organization)

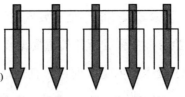

第二代竞争
- 外部导向(Output-focused)
- 市场驱动式(Market-driven)
- 流程式组织(Process org.)

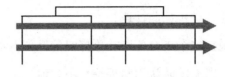

第三代竞争
- 网络导向(Network-focused)
- 顾客驱动式(Customer-driven)
- 流程网组织("Webified"org.)

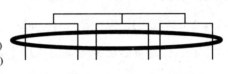

图 10-5　跨部门团队：诺基亚的组织变革

资料来源: Dan Steinback, "The Nokia Revolution: The Story of an Extraordinary Company That Transformed an Industry"

　　第三代的竞争是网络聚焦(network-focused)；以市场中的慎选"客户"为导向(customer-focused)；有流程网(process web)，形成一种快速反应客户需求变化的所谓网络化(webified)组织。类似实例又如华人创立的EMC大厂旭电公司(Solectron)，即称有百余跨部门流程，也形成流程网，超快而弹性地回应客户需求。

　　第二代竞争的典型应用是：新产品开发的跨部门团队运作。以市场或客户需求为导向，对外一定要有及时与正确的产出，因此，对内就得成立有效回应的跨部门队伍；要快速而有效，就要集合各部门适当人才，同舟共济、全力以赴。所以，新产品开发团队常集合业务/营销人员、研发人员、工程/制造人员、财务人员、供应链/采购人员，为一个精准定义的新产品的及时诞生而奋斗。

　　服务客户方面，也有类此"一条龙"般的服务队伍，戴尔(Dell)公司称之为"A single point of accountability"（当责式单点）；这个"单点"综合内部复杂技术与复杂组织，对外单纯单点，直对客户一颗心。

这个"单点"又宛如人体的一处重要穴道，它汇集了重要的神经、血流、与"气"，成为检验身体并强壮身体的重要据点。任、督二脉则连结起全身 51 处重要穴道，这 51 处重要穴道又间接、直接地连起全身 300 余穴道；因此，中国武学中说，任、督二脉打通后，武功是会精进几个甲子的！难怪有些公司反应如此神速，进步如此神速！

一般来说，这个集合各路英雄好汉的队伍，从领导人到成员，常常是除了专业技术外，别无团队认识与训练，不意地成了一支不折不扣的杂牌军，常事与愿违地立即陷入 1＋1＜2 的"拟团队"（pseudo-team）窘境中；好在，大家技术背景都很硬，乱军中总是事倍功半地凑出成绩来。不过，在诺基亚一阵轻风——外人看来应是呼啸而过——而进入第三代竞争中，我们则仍停留在第一代的军队式组织中挣扎不已，或第 1.5 代的改良式第二代、或第 2.5 代流程式/流体式组织中，争执不断，那么是应该加紧脚步、提升心态、放开胸怀了。

往极端一点看，路易斯（J. P. Lewis）博士在他的《项目管理的基础》（*Fundamentals of Project Management*）著作中，畅谈项目与跨部门团队成功运作的经验。他说：各级领导人应协助推动组织结构改变，迈向项目管理。各项目经理人要："告诉各部门经理，他们是为支援各项项目需要而生存的。"这有些危言耸听，但在未来发展中，各功能性部门是有可能只是组织内各个头戴多顶帽子的英雄好汉们回家"省亲"，或接受"功能性再训练"的地方而已。

诺基亚模式中的第二代竞争是一个重要基础。下面各节中我将做进一步讨论，但，在进入细节前，我们还是在 3000 英尺高空中再鸟瞰一次团队"大图"（big picture）。

10.4.2 你的虚拟团队有多"虚"

跨部门团队的运作让你心乱如麻、心灰意冷吗？俯视团队"大图"，如图

10-6所示,其实,这还只是个小案子。

你的领导能力/位子越来越高后,你主导的案子终究要跨出你原属的部门,"入侵"别人的部门;之后,还要继续"入侵"别人的事业单位,甚至别人的组织(包括客户的,乃至于别人的时区与空间),例如世界上其他国家,从而跨越时空(around-the-clock and around-the-world)运作;成了典型的"虚拟团队"(virtual team)。虚拟团队将是21世纪里,越来越流行的工作形态,与它相对应的则是:"面对面"(face-to-face)或"同地区"(co-location)的传统团队。

其实,名为"虚拟"团队,实际上一点也不"虚",而是个活生生的"实体";有活生生的团员,活跃在真实世界的各处角落里。领导人运用新、旧沟通科技,及软、硬性管理工具,跨越空间与距离、时间与时区,推动团队工作,完成集体任务,交出个体与集体成果。

我们还是习惯用"虚拟"。但,虚拟还是有其程度差别,你有多"虚拟"?李内克与史坦普(J. Lipnack & J. Stamps)在他们的"虚拟团队"(virtual team)书中,论述了9种不同的团队工作形态,如图10-6所示。

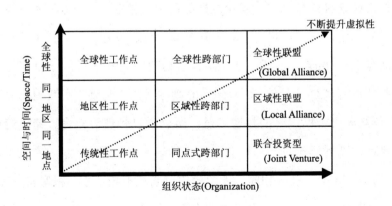

图10-6 团队的虚拟程度

资料来源:J.Lipnack & J.Stamps, "Virtual Teams" 2nd Ed.,Wiley,2000

以我们现在所讨论的跨部门（或跨功能）团队来说，其虚拟性或困难度随时空增大而增加，例如，由同地点提升至地区性，乃至全球性。当然，最右端的团队又跨出了自己所属的公司，其困难度又再度大大提升了。

以未来趋势及"大图"原则来看，现在我们所面对的同公司、同地点的"跨部门"团队运作，其困难度应只是中等而已；故，一边迎接新挑战，一边还要为未来更大的挑战打好基础。

10.4.3　跨部门还跨越了什么

跨部门指的是，工作跨越了组织内各有关的功能性部门，如销售部门、研发部门、制造部门、财务部门、人事部门等。各部门功能原本清清楚楚、壁垒分明，各有一个头头在上面操盘；而你，现在要入侵他的地盘，号称要为一个特定的公司级目标而横向操作——有些横行霸道吧！于是，公司外的战争还没开始，公司内部就先开打了。

我们常称这种壁垒分明式的功能性部门为"赛骡"（"silo"）——美国乡间一种贮藏粮秣用，高高拔起、中间不开窗的筒仓。或称为，如流氓般拥有的恶势力"地盘"（"turf"）。或，如堡主苦心自营的"城堡"（"castle"）。微软公司的前营运官（COO）赫伯（R. Herbold）则称之为"封地"（"fiefdom"）——"fief"是欧洲中古世纪时的封地采邑。所以，以管理面而言，跨部门任务艰巨，是要跨越以下形式的。

☆ 赛骡（Silo）：鸡犬相闻、无窗对望，老死不相往来；很坚持，如顽骡。

☆ 烟囱（Chimney）："大漠孤烟直"，无囱也直；在人漠上，又孤又直。

☆ 地盘（Turf）：无数势力范围争夺战；俗称为"turf war"或"turf battle"。

☆ 城堡（Castle）：城门虽设而不常开；本王是王，他人休越雷池。

☼ 封地（Fiefdom）：皇上已列土封疆，我当然割据称王，有问题吗？

除了形式上的，还有许多每个人心态上的本位主义、山头主义及技术官僚主义，也一起加入战团。

国内、国外的公司，好公司、坏公司，大公司、小公司，凡是人所经营的公司都有类似的"赛骡"问题。

IBM 一代救星——以 IBM 的经营规模与历史定位而论，他应该还是美国的"民族救星"。郭士纳曾对 IBM 自评：IBM 的新产品不是从内部推出去的，是被外面的拉出去的；IBM 内部的战争比外部的竞争尤为惨烈。

好在，进一步了解"赛骡"后，"赛骡"也不是那么难以打败。下图 10-7 图解了日本策略大师——大前研一在《思考的技术》中所遭遇的"U 形管现象"。

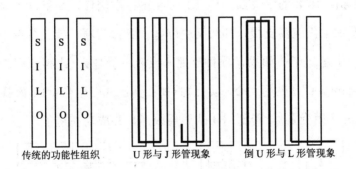

图 10-7　"U 形管现象"与"J 形管现象"

取材并演绎自：大前研一的《思考的技术》

图 10-7 左侧是三个高高耸立的"赛骡"，各"赛骡"之间也就是我们在 ARCI 中所讨论过的白色空间，或三不管地带。在 ARCI 中是顶视图，在图 10-7 则转成侧视图；白色空间是执行力的挑战区，连沟通都常通不过本区。大前研一在他 2005 年著作《思考的技术》中，谈到在日本的"U 形管现象"与"J 形管现象"，如上图 10-7 中央部分所示。

U形管现象：一位部门主管先在本部门内往下沟通，经过漫漫长路，通过白色空间，到达另部门，最后上达了另部门主管。

J形管现象：一位部门主管先在本部门内往下沟通，跨到另一部门后，另部门基层认为不重要，然后下情不上达，沟通消失于空中。

在台湾，情况稍又不同，更常见的是"倒U"与"正L"现象，如图10-7最右侧部分所示。在倒U中，下情上达于天听，本部门主管与他部门主管在高空交通后，再下传旨令，最后陆续完成基层沟通。正L现象是经本部门基层与别部门基层沟通后，别部门基层也认为不通，所以案子也迅即无疾而终。

那么，为何不在各"赛骡"的中间适当层级处开"窗"沟通并执行呢？如果先以"中性的"流程当先锋，或做辅佐，就比较不敏感，也更名正言顺，更有效果了（如图10-8的中央部分）。图10-8再往右侧移，如果以"客户需求"挂帅，甚至加上供应商支援，其势又更强些；跨部门项目就准备在"跨部门流程"的平台上运作了。如果，项目经理人或流程管理人（或称流程总管，英文为"process owner"）更尽点心、卖点力（如：体认并应用当责），发挥领导功能（如：体认并应用当责），跨部门团队于焉成形，并成功在望了。

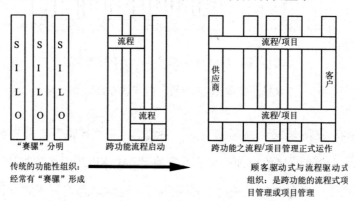

图10-8　跨功能流程/项目管理

"赛骡"固然可能由外部解决，但可否亦由内部使力？

部门之所以会形成"赛骡",最主因是部门领导人。于是,如此这般,部门内又是会有许多如"赛骡"般的个人与内部部落。微软前营运官赫伯在他 2005 年著作《地盘》(*Fiefdom Syndrome*,直译"封地并发症")中,把这种封地式的本位主义或山头主义又分成了好几个层级,兹阐释如次,藉资惕励。

- ☆ 个人级:太强烈的个性,极度地保护自己;可能影响伙伴、团队、部门乃至公司。
- ☆ 小圈圈级:一群癖好相似者,臭味相投,各行其是;安然(Enron)的那一小撮财务人员即是。
- ☆ 部门级:部门各行其是,以部门主管马首是瞻,无法与其他部门形成必要之互动与合作;部门主管常常是罪魁祸首。
- ☆ 高层级:组织内高阶主管被一群"封地主义者"围绕,自绝于外在市场;高处固不胜寒,也不知人间有温暖。

这些"封地并发症"的形成及蔓延,有其基本人性上的缘由,如下所示。

- ☆ 想控管更多的数据与资讯——也是想把工作做得更好,让自己绩效更好。
- ☆ 想更独立自主,靠自己创造——太独立自主,无法或不知要"互信互赖"。
- ☆ 可能大老板授权太过。
- ☆ 或者,想夸大自己工作的品质与重要性——自我膨胀,疏离他人,也失去了对外界的危机感。

赫伯说:"封地主义者本就缺乏纪律。"他认为对症下药,要重整三项纪律。下述三项纪律将一针见血、一击中的。

流程纪律

建立公司层级的、客户导向的、跨越部门的各项流程与系统,推动流程管理与项目管理。

行为纪律

要求各级人员避免：过度自信、过度细分组织。鼓励：向外看、学新技能。

人员纪律

加强人员轮调，要求改进绩效；不要过度保护绩效差者，建立标准评估系统，最忌讳的是：奖励绩效差者。说来有些反复，这些封地势力、城堡主义及赛骡，是构成了跨部门团队成功运作的障碍，但这些障碍也是要靠跨部门的流程团队或项目团队来打破。至于，仍藏诸于心的"封地主义"仍需藉助纪律——行为纪律与人员纪律，当然还有"当责"的纪律。

在下面三个实例，我们要谈谈实际做法。

10.4.4　一个软件设计业的简例

如图 10-9 所示，一个软件设计业的新产品开发团队，依产品特性要跨越大约 7 个赛骡。

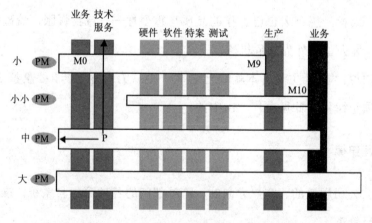

图 10-9　一个软件设计业跨功能 PM 管理实例

这公司有制度，新产品开发有流程，如图10-9所示，从第零步M 0的市场研究与准备期，到第十步M 10的市场试用、评审完毕。流程如平台，穿越组织内各部门，还穿出公司，直入市场与客户。项目团队在这平台上运作，引经据典、循序以进，运作起来是容易多了。

　　通常，管理流程的"流程总管"（process owner）还是公司内的大官，他们负责流程的建立、维护与改进，当然欢迎你使用，也提出建议；流程本身就是想帮助你排除困难，甚至还包括官场"红胶带"（red tapes），组织内的繁文缛节等。调查显示，富创新活力的好公司都有流程在帮助项目经理人，也都有执行跨部门的团队活动；当然，有经验的项目经理人即使在没有流程的协助下，仍然有可能如"爵士乐团"般即兴创作、迭创佳绩，或凭借丰富经验，过关斩将、交出成果。但，没流程、没经验、没训练、没概念时，问题就会很大了。

　　这个新产品开发跨部门团队仍会遭遇哪些问题？

　　第一个正是产品经理（英文PM翻译而来，本质上说，PM也可作为项目经理的一种，其项目的成果是一种新产品，而非新工程；为了行文方便，下面统一称为PM）的权责问题。这个PM常是突然天降大任的经理，英文称："Accidental PM"（为了明确表达原意，下面均以英文表示）。他的专业技术是一时之选，管理技术则稀松平常，有待磨炼。通常，他不太知道自己的权责范围：是负责产品生老病死、兴衰凌替的大PM，还是只负责沟通协调的小小PM，或不大不小负责新产品到生产或销售的小/中型PM？然而，他信心足足，认为专业技术是第一且唯一，不太需要运用其他工具，"兵来将挡，水来土掩，谁怕谁？"有时，连客户需求也不太在意——客户其实也不太懂自己的真正需求的！

　　第二个问题是在成员。例如上图10-9中平行线与垂直线相交处的P，例如彼得。他开始头戴两顶帽子，有了两个老板：平行线的项目新老板，与垂直线的部门旧老板。他要学会分配时间、精力与资源，学会如何合作与报告，他是技术专才，但身处团队中应该有"个体当责"的概念与纪律，他大部分时间是"独立贡献者"，但有时要能是"互信互赖者"。他的时间、预算及绩效评估，应能合理地比例化处理。头戴两顶帽子让他很不适应，很头大，他比较习惯"从一而终"的。

第三个是PM要确立与上层与外面的关系，如计划经理（program manager）。你有从旁的支援（support）或从上的支援（sponsor）吗？

这些所谓的跨部门团队与我们习知的矩阵组织又有何不同？是换汤不换药的老把戏吧？也许。但，柯汉（A. R. Cohen）在《影响力不靠威权》（Iufluence without Authority）书中以"承诺度"的角度提出一些细致的观察。他说，团队成员的"承诺百分比"对原组织与新团队是有不同的，如表10-1所示。

表 10-1　团队成员的承诺百分比

	原组织（home base）	:	新团队（new team）
1. 各种委员会（committee）	70	:	30
2. 矩阵组织下的团队	50	:	50
3. 跨部门团队或任务小组（task force）	30	:	70

矩阵是一种常设型组织，两顶帽子下的两边承诺比，几乎是一半对一半，是可以理解的。任务小组或跨部门团队是个短期特案打击队伍，任务明确，时效重要，故承诺比率是应该更高些；更实际的是，对PM来说，常常承诺比率要比70%还高——有时甚至高达"提头来见"的110%，弃老组织于不顾。对成员来说，可能以协商后的时间投入比，来做推论会更合理，他们的绩效评估所占比例也应依此呼应；不过，实务经验显示，成员的时间投入比，如不足20%时，成员是难有承诺及成效的。

委员会里的委员们通常是代表老东家，故比重是高些。但这个比重如果不当地再偏更高时，就会造成无效果。所以，实务派企业人常戏称委员会是"进度的坟场"——项目进了委员会，就是进了坟墓。

新产品开发团队常是由一团技术精英组成，可惜常仓促成军，角色不清、责任不明，加上领导无方；故，事倍功半甚至功败垂成是常事。如果失败了，通常不会是技术的错，通常是：PM 要负最大的责任。

回到正题。

第四个问题是：PM 有确立是"当责者"的地位吗？如果确定 PM 是"当责者"，是 ARCI 中的 A，那么，回到第 3 章的许多实例上，PM 就要认清当责、认定当责、承担当责，没有了退路，前途却无限延伸！

说个小故事：

在美国的交通事故中，如果警方发现肇事一方应有 51%以上的责任，那么，这一方就需负 100%的责任。

所以，"当责者"在团队中负起全责，也不是什么特例。

10.4.5 跨部门团队失败的主因

本章图 10-7 与图 10-8 中所述数座"赛骡"宛若侧视图，跨部门的项目/产品或流程管理又如横刀一切的切面图，如图 10-10 所示。

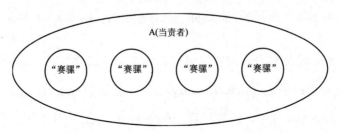

图 10-10　跨"赛骡"管理的横切面图示

图 10-10 形似于第 2 章中所示的 ARCI 模式图，亦即，图 2-4 与图 2-5。所以，跨部门团队的管理当如 ARCI 模式，很重要的是，要跨越圈圈内白色空间的障碍，然后跨出圈圈外到 C 与 I 的世界；一齐衔接起有关领导、沟通与执行力的各种脱节与脱线（disconnects and loose-ends）。

普通团队失败的原因，已如前述不再赘述，当然也构成跨部门团队失败的原因；但，针对跨部门团队的特性，其他败因如下所示。

未做好关键"利害关系人"关系的管理

因为入侵/横跨好多个赛骤/山头，多了许多"利害关系人"，这些"利害关系人"的"关系"需要做分析及管理。这些"关系"至少有 10 种，如图 10-11 所示。

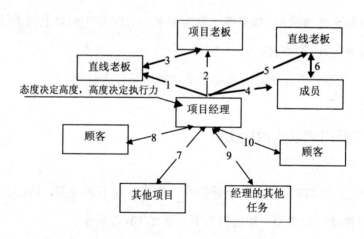

图 10-11　项目经理的 KSF：当责与重要"利害关系人"的经营

关系看来是错综复杂，其实也可以提纲挈领、以简御繁。关键在正中央的 PM——管它是产品经理（product manager）、项目经理（project manager）、大项目经理（program manager）、流程经理（process manager）或任务团队（task forces）的领导人，这个 PM 的态度决定了他自己的高度，高度则简化了复杂度，也大大提升了执行力。

如果，PM 能"当责不让"，对"当责"有强烈的概念与纪律；那么，他在图 10-11 的中央位置会挺直、高高站立，使原本散落四处的"粽子"，如提纲挈领般地高高拉起、纲张目举、条理分明、井然有序！如果，PM 当责不清，加上成员搅和，PM 将掉回同一平面；那么，就如一把"粽子"散落一桌，不只杂乱无章，也纠结难解了。

拥有高专业技能的人常自恃自负，不屑也不解"关系"居然还超过 10 种！好，为了团队成功，你至少要了解并管理几个关键性利害关系人（"key" stakeholders）的关系吧。

☼ 原部门的大王们——亦即成员们的老板们，要分享资讯、分享成果、共同考核，形成影响力。

☼ 客户，他们的需求可能不断改变，跟着他们改变吗？通常是的。

☼ 长官们，含直线老板、计划老板及赞助者。从他们争取资源与支援，请他们帮忙解决官僚"红胶带"；资源常是要争取、分享、交换、借用，不是不请自来的。

☼ 其他支援部门，如资讯、人资、法务、财务及供应链等，依项目，订定重要程度及优先次序。

如果你负有"当责"，天灾都不能怪，何况是人祸，更何况这人祸还是起自萧墙内！

未做好产品关联性管理

产品经理的 PM 通常是一头钻进研发，视他务为杂物或无物。

图 10-12 说明 PM 对"外务"的接触频度与重视程度：最频繁的是 5，最少接触的是 1。

你可能"意外"发现：PM 最经常接触的是"销售团队"，然后才是"研发"与不相上下的"顾客"，然后是"生产"，最后连"配销"与"财务"都有超过 3.0 的频繁度。

就是因为"外务"的接触太频繁了，干脆加强直接责任，组成跨部门团队。又有因新产品特殊，PM 有时并非研发高手，而是由营销或工程人员担任，更容易成功。

新产品开发失败，据调查统计有 85%是因对市场/客户不够了解；这样的结果，最终该怪谁？ 仍 PM 是也。

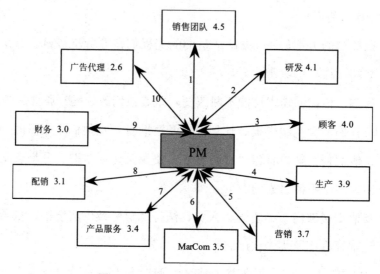

图 10-12　成功 PM 的对外接触程度

资料来源："The Product Manager's Handbook" 2000

未厘清角色与责任(role & responsibility)

PM 不像 PM：你是 ARCI 中的那个 A 吗？还是一个模棱两可的"协调者"（"coordinator"）——这个"协调者"位置，案成时俟机摘果实，失败时可适时逃避责任？

成员不像成员：说是头戴两顶帽子，其实是脚穿两双鞋——随时准备开溜。成员没有个人当责，个体当责乃至集体成果的观念是致命伤。

跨部门团队应以 ARCI 澄清角色与责任。复杂的，如前述的美国 EPA 大型项目之责任图表：左侧是流程与程序，上侧是位置或人员，中间是 A、R、C 或 I；讲清楚、写明白，全项目连绵十几页。如果是小项目，则是一页搞定，却威力无穷。

各级的当责与 ARCI 是行前教育、行中教导的最好工具；因为，成员来自四面八方，你更需要厘清角色与责任，厘清当责与负责。

你的成员来自各有关部门，有些"能者"还戴多顶帽子，有些人职位也不比你低，有些人还：

☼ 不曾一起工作过；

☼ 竟是冤家路窄——曾有过冲突，曾直接或隔空打过一场地盘争夺战（"turf war"）；

☼ 缘悭一面，未曾相识。

后面两种状况，在跨国性的虚拟团队中最常遇见。有时，成员还来自客户或供应商。所以，有共同目标、共识工具、共同语言、共有流程，是大助力。

本书所讨论的"当责"当是最大助力之一。

缺乏对"行为"因素的管理

因为英雄好汉来自四面八方，专长不同、个性互异，在团队管理过程与其后之绩效考核标准中，最好先列入"行为"因素。微软公司赫伯的建议中，有一个成功实例是这样订定的。

☼ 成员绩效：50%技能表现

　　　　　　50%行为表现

☼ 领导人绩效：1/3 领导能力

　　　　　　　　1/3 技能表现

　　　　　　　　1/3 行为表现

当团队的成熟度比较高时，甚至还可以做到成员间的相互评估。至于采用什么样的行为准则乃至价值观，就各凭慧眼与共识或项目需要了，例如："当责"、尊重别人、有话直说、热情工作乃至"欢乐"——HP 的人说：最佳成果常来自最快乐的团队。这些行为准则与价值观事先说清楚、事中严执行、事后勤考核；以维系高士气、高效益。把团队成功的决战点，由一翻两瞪眼的最后绩效，往前提到行为乃至态度的阶段——是为"态度决胜负"。

一般来说，PM 常自叹的是有责无权；常争执的是先权后责。台积电张忠谋董事长在台湾交通大学分享经营经验时说："责任比权力要来的早，年轻有为的人勇于负责，权力才会慢慢进来。那些坚持先有权再有责的人，或希望权与责一起来的人，到最后常常是两个都不来。"这段话不知是鼓励，还是打击，学校教授可能也不怎么同意；但，一直是企业运作的现实。

另一方面，"权""责"相比，"权"也总是不足，补救方式之一总说多多发挥"影响力"，这段话也不知是鼓励，还是打击，但，也是企业现实。记得吗？在前些章中我们还特地定义"权""责"之间的差距叫"创业家差距"呢！

"权""责"孰先孰后、孰大孰小，容有争执，解决方法是有企业现实；"权""责"暧昧不分，已是普遍现象，一定要争辩清楚，而"当责"与 ARCI 正是最佳工具。

领导人不重视"影响力"

美国辉瑞大药厂（Pfizer）董事长兼 CEO，史提尔（W. C. Steere）说："在辉瑞，你可能主持一个 10 亿美元的新药开发计划，但没有直属部属；也就是说，你负责开发并执行一个的很大计划，很需要别人的强力支持，但这些人并不报告给你。我们最有效的 PM 有能力影响别人，而不是直接控制别人。"

我第一次看到这段谈话时，是看中文的，觉得不可思议。如此这般 10 亿美元的产品计划，实在太大，是不是翻译有误？我是遇过几百万美元项目计划没有直属部属的，但 10 亿美元计划实在太大。于是，覆查英文原文，果真无误。才警觉原来无部属的跨部门团队经营范围与规模可以再放大几十、几百倍！

史提尔还进一步指出，辉瑞的高层主管多是从这些成功 PM 中选出的。

所以，动不动就说要把人调到自己部门内才能做事的经理们，是要赶紧反省的。

"领导力无法被授予，无法被任命，无法被指派；领导力唯有来自影响力。"

——约翰·麦斯威尔

"The leadership can not be awarded, appointed, or assigned. It comes only from influence."

——John C. Maxwell

其实，项目经理对其所领导跨部门团队的成员，也不是完全没有控制权；参与绩效评估就是其中之一，你是可以要求依成员的参与时间比例，主动与成员的部门老板提供/分享资料、共同考核的。台湾的趋势科技公司就曾说明五、六位多国主管如何一同评估员工绩效的故事。你也可用项目预算及有关资源来控制/支援成员，通过自己直线或计划老板或人力资源部门产生作用，建立影响圈。你还是可以威迫利诱——典型的："萝卜加大棒"，你还有什么办法？技术权威？德高望重？影响力……

在知识工作者时代，史提尔的"有能力影响别人，而不是直接控制别人。"势将成为企业生涯发展的一项 KSF（关键成功因子）。

"如何提升影响力"在西方企业管理中一直普受重视。企业人也都用心学习并运用。君不见，戴尔·卡耐基一本 1937 年写成的著作《如何赢取朋友并影响别人》(*How to Win Friends and Influence People*)畅销数千余万本(据说，销量世界排名第三，仅次于《圣经》与《毛主席语录》)，到了 2006 年 9 月的今天，仍一直在竞争激烈、新书如林的亚马逊畅销商业书籍排名中，长期高居前一、二十名！

企业有心人挖掘被尘封的人性原理与宝藏，不只早到 1937 年，更往前追溯自古希腊与中国圣贤。下面引述希腊圣贤"三部曲"哲理，也期待对"如何提升影响力"有所助益。

第一部曲：Ethos（伊索思），精神特质。

需具备：伦理道德本性、个人可信度、诚信正直(integrity)与专业能耐(competency)。

必须是：一个值得信赖的典范(model trustworthiness)。

第二部曲：Pathos（卑索思），情境感伤力。

需具备：同理心(empathy)，感觉、看到别人的感觉与需求。

必须是：一个能先了解别人，再求被别人了解的人。

第三部曲：Logos（逻果思），逻辑思维。

需具备：逻辑力、能力、说服力与权力，能发挥在思考与简报上。

必须是：一个能被别人了解，然后与人互相了解的人。

可以肯定的是：而今而后，在知识工作者时代里，"影响力"的运作与发挥将更盛行；不要等到了白头，追求了半辈子的"权"终于到手，却愕然发现"权"不宜多用，还是"影响力"更顺手。

台湾"104 人力银行"创立人杨基宽在台湾为无数企业招募无数人才，有感而发曾说："台湾上班族最致命的缺陷就是：有技能(skills)，没有风格

(style)……就像一个无所不知的女神，却有一项致命缺点，就是：没有人相信她。"他继续说："没有风格的主管或项目经理，不易获得同伴的认同；做起事来，事倍功半。"

他结论说，专业技能到一定水准后，"风格才是最后胜出的关键"。

杨先生所谓的"风格"，质言之，即前述三部曲之执行细则，虽不中亦不远矣。也请回溯图 4-2 中之左侧内容，有系统、有计划、有目标、有自信地自我提升"风格"。

你不能光坐在自己的"赛骡"里，而寄望大功告成。

——哈特雷，施乐公司副总裁

"You can't just sit inside your own silo and expect to be successful."

——P. Hartley, VP. Xerox

四方来会是个开始，聚结一起是个进步，工作一起就是成功。

——亨利·福特

"Coming together is a beginning, staying together is progress, and working together is success。"

——Henry Ford

10.4.6　怎样建立一个成功的跨部门团队

谈过失败主因后，现在应该再从正面角度来看怎样建立一个成功的跨部门团队。也许，更应该先谈成功的跨部门团队有些什么好处？形成何种竞争优势？值得如此努力尝试吗？

前述各章节中，其实已分别谈过跨部门团队在成功运作后，可以建立的一些竞争优势；现在，做个总结，至少如下所示。

速度高——是一组精兵；专门缩减各种商业活动(activities)的周期天数(cycle time)。以新产品开发为例，跨部门团队再加上流程管理，新产品开发时间大都可缩短达 40% 以上。在美国所做六大类新产品调查分析中，开发难度最高的"世界最新"级(new-to-the-world)与"公司最新"级(new-to-the-firm)新产品中，95%以上的优良公司都拥有跨部门团队。挑战比较小的"改良"级新产品的开发，也有60%的优良公司在运用跨部门团队。在寸时寸金的现代竞争里，周期天数总是决胜关键。

客户聚焦——是一条龙；能有效集中公司的有限资源，聚焦在真正客户真正需求上，而且"随需应变"。团队跨部门后，焦点会很自然地转到外部的客户上，在客户需求的精准度上会提高命中率；有时，客户甚至也成为成员之一，共同开发出真正需求的新产品。

单点接触——一点最灵；对内，让组织有了聚焦点(focal point)，提供整个计划的资讯与决策，不打迷糊烂仗；对外，在客户处造成如戴尔(Dell)所标榜的："当责式单点"(a single point of accountability)，不要让客户迷失在公司复杂的科技、组织、人际关系上，提供客户最佳服务。有些技术专家，还喜欢用复杂科技"吓唬"客户。

简化组织——一刀横切；切开许多"赛骡"与"封地"等情结；直接简化并改进组织官僚或复杂困境，因才而精组队伍，并消除冗赘人员；不只跨部门，还可跨阶层；并可与流程管理，相辅相成；活化全组织"穴道"后，进而打通全组织任、督二脉，大幅提升管理的"有效性"(effectiveness)。

有利创新——团队融有各种成员，具有不同经验与背景，每能激发多重创意，组合成最佳解题技巧与方案。

加速组织学习——成员能有多种新的接触、学习与成长；跨出原有领域，从各种不同硬技术到各种不同软功夫，带动团队学习乃至扩及组织学习。

概言之，在许多公司的经验里，跨部门团队能在效率（efficiency）上缩短"周期时间"约 40%，在效果（effectiveness）上逐渐形成 1＋1＞2 乃至 1＋1＞＞2，而更重要的是：更能准确命中客户甚至移动不已的目标。当然，也有惨痛经验是：跨部门团队又被许多"赛骡"与"封地主义并发症"所击败，成了事倍功半乃至无效的团队——本欲破敌，反为敌所破；知彼知己，当责不让，才能百战不殆。

那么，建立成功的跨部门团队有哪些要点？

最重要的首推：慎选领导人——纵使资格毫无问题，也不宜是个"Accidental PM"，否则随后常常是意外（Accidents）不断！

首先，慎选领导人

团队领导人的资格除了专业能耐外，首要是：当责的认知、认同与纪律，及"当责不让"的勇气，然后要进行以下步骤。

- ☆ 想清楚项目愿景与大目标；纵然是"上级交办"事项，或理所当然、顺理成章的项目，也要认真想清楚。如果，你没说服自己，你就不可能说服别人。成立团队、解决问题，宛如鸠工造船：不要只是找来工人，提供木材，准备工具，分配工作等；而是，还要能够整合他们，提升心灵，让他们能渴慕那无穷尽、充满挑战的大海——如圣艾修伯利（A. de Saint-Exupery）在《小王子》中所描述的。而与造船更不同的是：你将面对的是一组精英级知识工作者，他们的要求比造船工人或航海水手还要高。

☼ 开始招兵买马；如果你很幸运，有权选人，那么妥善经营与运用各种"利害关系人"的关系，全面发挥影响力。重点是，要人时常不需要全人全时，要估计时间百分比，以增加谈判空间。要客户介入吗？客户也可以是成员。如果难以自由选人时，也非世界末日，加强了解成员需求与价值观，多做些一对一式的恳谈。

☼ 确立自己的角色与责任；确定自己是在 ARCI 中的 A，或先只是"协调"？要求或争取应有的授权与资源——通常不会自动进来，也为自己找找 C，C 可能是自己的直属老板、其他部门的老板、外界的顾问或组织内可助你成功避免闯祸的资深大官——甚至当赞助人(sponsor)。

第二，重整目标

☼ 让全员参与；在既有大目标之下，重新检讨、修正中小目标及个人目标，并连线校正，凝聚共识。

☼ 建立团队价值观；例如信任、尊重、当责等，成为共同语言与行为准则，乃至停止吵架的原则与绩效考核的权重因素。

☼ 了解绩效评估标准；与各老板们建立共识，以奖金与非奖金方式做成奖励。

第三，投资行前训练

这是"Accidental PM"加上仓促成军后，团队的最大麻烦。如无行前训练，之后常各行其是，然后是溃不成军，然后一起怪罪不可控制的因素。行前训练要训练什么？至少是：

☼ 当责的纪律与工具，角色与责任的厘清；

☼ 领导人与成员的团队合作训练，人际关系训练；

☆ 有正式的"开工会议"（kich-off meeting），把大中小目标、里程碑、价值观、工作流程、角色与责任、大海中的可能挑战……都说出来，不要心存侥幸于"我以为你知道"。

第四，追踪（follow up）

追踪时限（deadlines）及里程碑（milestones），再难订也要订标准，再无情也要做好追踪，并从中改进与学习；没达标时，严格要求详细改进计划（gap-filling plans）。

第五，追求"回馈"（feedback）

老生常谈，但这也是从彼得·德鲁克到各成功经理人所一直大力鼓吹的。其也做"前馈"（feedforward）——较新概念，是著名的"CEO 教练"高史密斯（Marshall Goldsmith）所大力鼓吹的。所以，三个"F"：follow-up（或 follow-through）、feedback 及 feedforward，构成执行力的三个法宝。

第六，报告

别忘了，报告是"当责"里很关键的一关，领导人需不时对内、对外做报告，报告进度，报告成果，也报告负面成果。成员也须对自己负责部分做报告，以建立自己工作上的"所有权"感。

第七，跨部门团队内还有一种看似简单却是最难的挑战——沟通

团队沟通的最佳环境是同室工作——大家济济一堂、无所不谈，凡事也无所遁形，脑力同步激荡。冲突少了，综效多了，所以韩国 LG 的新产品团队会关在一栋大楼里，不成功连家都不回，老板还会帮忙出证明给太太。同室如不

成，同地区（co-location）也成；3M 的一项有关沟通的报告指出，空间距离大约大于 100 公尺后，人类沟通的意识、欲望及效果就显著降低了。虽然，现代沟通技术多样化，也方便许多，但"面对面"的沟通，永远是不可或缺的一环。在跨国、跨时区的跨部门团队中，一定要设法降低沟通不良所造成的冲突，进而提高综效，否则我们常遇见的跨部门团队对话，会变成如此这般。

- ☼ 我以为你知道。
- ☼ 你应该了解我的意思的。
- ☼ 我们工程人员都会这样认为。
- ☼ 这是销售上的普通常识。
- ☼ 你们研发人员总是这样。
- ☼ 理所当然、昭然若揭；我不用讲，你也该知道。
- ☼ 我们的目标，确是这样？你开玩笑的吧？
- ☼ 这些目标太打高空了吧？
- ☼ 老板这个决定一定另有隐情，隐私不可测。
- ☼ 老王这种做法会害了团队，但我管不着。
- ☼ 这个错误不可原谅，他老是这样。
- ☼ 不要怪我，这是他们的主意。

同样地，上述诸例中，你都可以看见"当责"有用的影子。但适当的沟通媒介也有效，如下所列。

- ☼ 持续不断的电子邮件，包含所有涉入的人，含利害关系人。
- ☼ 经常性的电话会议；虽看不到脸及表情，但听其声如见其人，多人互通，效果更好。
- ☼ 使用电话留音；不要接不到人就挂了，挂了就忘了，却以为打了……就留下话吧，也是一种重要的沟通方法。

- ☆ 三不五时来一次面对面会议；我曾参加过几个跨国团队，我们总是会找个时间、选个地方，相聚一堂啤酒相欢，或来个爬山"高峰会"，还有韩国三温暖……
- ☆ 即时的视讯会议；听其声也见其人，知道没人打瞌睡，还可"观其眸子，人焉廋哉？"
- ☆ 资讯网站及内部刊物的沟通。
- ☆ 成员间联系的各种电话；你的成员间，甚至互有紧急时的联络方法吗？

以上所列，俱属"普通常识"（common sense），但普通常识常不等于"普遍作业"（common practice）——我们有很多科技专家是不愿做这类"俗事"的，情愿留在"我们相处这么久，你应该知道我的心"的自我逻辑通路上。在沟通上，没有过度沟通（over-communication），只有沟通不足，沟通不足一定会伤害跨部门团队的有效运作。

常说"这件事非常重要，请注意听，我只讲一遍"的老板，一定不是沟通良好的老板。GE前CEO韦尔奇曾说过：重要的事，在公司各种场合中，他通常要讲上1000遍！

回顾与前瞻

本章是本书最长的一章，会不会又臭又长？

回想初版谈印书时，编辑曾建议删除，我不忍割爱而留下来。有年，有竹科的一次研讨会中，学员们说，这章是为他们而写的，写出了他们心中难以言宣也难以抓准的许多挣扎；谢谢他们这么耐心地看，也仔细地思考与审查。

又记起，在台北一次为一家数千亿级高科技公司主持的一次一天长达9小时的高阶主管研讨会，公司总经理在会后总评时第一句就说："我看不出来，未来我们公司的哪一项重要计划不是要用跨部门团队来完成的!"他随后鼓励大家:为了交出成果,要不惜踩线——踩部门之线,也踩阶级之线。场景历历犹新,这位总经理当天清晨才从美国旧金山飞回来,9个小时研讨会后,仍然神采奕奕!

最近的一个主管班上,一位主管评:"全新概念!多年职场经验及管理心得豁然开朗。透过 ARCI 的操作,应可解决内部错综复杂的管理。"谢谢他的短评,我的看法则是,当责其实也非全新概念,相反地,只是普通管理常识,却是埋在管理人心中深处;我只是挖掘出来,帮忙讲清楚,也把背后的逻辑,精准地理清楚。这个背后的思维逻辑,原本比 ARCI 工具重要,但,ARCI 是工具,反而备加青睐。

本书中所有讲述与 ARCI 工具,全部都适用,也该用于跨部门团队的运作中。如果更要简单来描述,那么,跨部门团队就是指,在 ARCI 中的 R 有 R_1、R_2、R_3……R_8,他们分别来自各个不同的部门,甚至不同国家,一起在为共同目标奋斗,拥有不同当责,一定要交出共同成果的高战斗力团队。

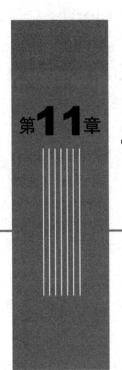

第11章 当责——设定目标与计量管理

你令部属"拔剑四顾心茫然"吗?或偶尔你也如此自况?没有目标,无从谈执行力,当责也失却依据。明订目标有其流程,甚至有国际通用语言,你在应用吗?订目标与负当责是相辅相成的,是"普通常识"却仍未是"普遍作业"……

本篇篇首谈当责应用时，我曾引介所谓的"简单"流程（SIMPLE Process）。S 是 SIMPLE 之首，其意为：设定目标。更详细些是，**S**et Expectation：把组织、部门、团队、个人的期望、目标（亦即 goals, objectives, targets）理清楚、写下来，并厘清角色与责任。职是之故，"设定目标"对"当责"应用之关键性，不言而喻。

在第 2 章《从模式与实例中评析当责原理》中，我们曾经讨论了所谓的"受害者循环"。为了避免陷入，我们或主动地或被动地提升，以进入当责的世界。在第 8 章《当责的最高层：企业/社会当责》中，我们在当责的最高层级也讨论了另一个循环，是为"企业当责循环"，未来企业也将主动地或被迫地进入该循环中。

在本章的当责应用里，在进入设定目标的主题前，我要谈第三个循环，称为"任务循环"（mission cycle），如图 11-1 所示。

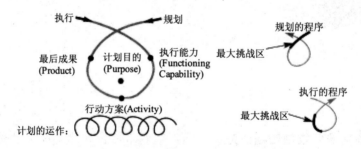

图 11-1 "规划"与"执行"的基本逻辑与脉络

"任务循环"图的主角形状像只小白兔；小白兔的鼻子处，是永远萦绕主管心头的任务宗旨或计划目的（purpose），小白兔的两眼与嘴巴构成了任务的三大要素。

☆ 最后成果（product）：这趟任务你要完成的最后成果是什么？

☆ 行动方案/活动（activity）：你要采取什么样的行动方案或活动？

☼ 执行能力（functioning capability）：为了推动这些行动方案或活动，以达成最后成果，你需要什么资源、支持及行动能力？

小白兔的两只小耳朵，组成了"任务循环"的两个基本逻辑脉络："执行"与"规划"。两种功用，方向正相反；一个顺时针，一个逆时针。

当你要"执行"一个项目计划时……

你以顺时针方向，依循环而进。首先你碰到了"执行能力"的检验。如果各项功能性执行能耐都已具备了，就继续前行，到"行动方案"；你依据各种既定行动方案或活动，全力以赴，执行到底，最后，一定要交出"最后成果"。

交出成果后，你又接下另一项任务，又进入另一个任务循环，如图 11-1 之底部螺线圈所示。你可能是执行力大师，使命必达、任务必成；在每次任务中，你的最大挑战区都在"行动方案"与"最后成果"的区域内，那正是"执行力"的展现，很多人或团队执行力不彰，都在此败下阵来，也找到了一些借口。执行力不彰，也有可能先天规划即已不良。

当你要"规划"一个项目计划时……

你以逆时钟方向，依循环而前进。首先，你碰到了"最后成果"；于是你开始思考，思考各项期望与目标，终于"无中生有"地订出"最后成果"，最后成果规划好后，你继续往前行，你开始又要规划需要什么"行动方案"？这些"行动方案"将可协助你达成"最后成果"。然后，你开始又思考，为了执行这些方案或活动，需要多少人力？什么样的训练？多少金钱的资源？多少部门的支持？什么样的软、硬件？什么样的项目经理人？这些都是所谓的功能性"执行能力"，也要事先妥善规划的。

完成这次规划后，你又接下了另一项任务，进入另一个任务循环，亦如图

11-1底部连续形螺线圈所示。

你可能是规划大师,从"最后成果"经"行动方案",最后到"执行能力";你心思细如丝,逻辑强无比,一步接一步、一环套一环,环环相扣,设想周到,规划完整。在每次规划的任务中,你的最大挑战区是在"最后成果"之前一段,如图11-1所示,那是一段思考未来、充满想象力,却又要化无为有,定出很务实目标的区域。

我们说过,当责不只为成果负责,为行动负责,也为行为负责,为思想负责。所以,当责在任务循环的这个规划区域,就已悄然激活了。

现代企业人的最大挑战是,他们几乎都是身兼"规划大师"与"执行大师"二职;很少人可以"奢侈"地只任其一、专司一职,如同左手不管右手的事。身兼二职的麻烦是,常把"规划"与"执行"混为一谈,纠缠不清。例如,在公司的策略"规划"会议中,你会听到有经理人说:"我没有办法预测这种新产品的未来销售,除非现在先让我在市场上试销过。"于是,一下又沦陷入"鸡生蛋,蛋生鸡"的循环中,轻易地在"规划循环"上的最大挑战区内被自己一举击败!

"执行力"是在订下目标(即,最后成果)后,不论风狂雨骤或风调雨顺,我一定要达到目标、交出成果。"规划力"是无中生有,为未来先订目标,再设计方案,最后规划各种执行所需的资源与能力。

所以,规划力也算是执行力的首部曲吧。

很显然地,没有目标,就是没有规划;没有目标,就无从谈执行力。

图标逻辑清澈若此,事实又何如?然乎?否乎?真的是要订定明确目标吗?如何在这瞬息万变的现代科技环境中订定目标?萦回企业人心头,挥之不去,也充满狐疑。

11.1 目标的迷思与迷失

台湾新竹科学园区一位老板说的"我的人不喜欢订目标,不喜欢负责任"就是这种典型心理现象了。当责专家与管理顾问撒姆尔在他的《当责革命》一书中也分享了经验:

"如果管理阶层不能明订目标,员工就无法为绩效负起当责;暧昧不明使得员工演出脱线。"

执行力大师包熙迪说:"没有目标,无从谈执行力。"

目标,是"任务循环"中"执行环"的最后一项,却是"规划环"的第一项。柯维的《高效能人士的 7 个习惯》中的第二个即为:"开始行动时,心中就已存有最后标的。"("To begin with the end in mind.")李白诗:"拔剑回顾心茫然",读之令人怅然若失,不胜唏嘘;我们不要让自己或部属拥有锐利宝剑,却茫然失标的,不知挥剑向何方?

想起"硅谷阿标"的一幅精彩挖苦漫画,漫画中的老师傅在一旁对正在拉弓引箭的徒弟说:"徒弟啊,射箭的最高境界就是,没有目标,你还是射得中,你明白吗?"好似进入"玄学"世界?或者,是另一个"无极"或"无奈"的世界了。

回到现实的企业世界。

逻辑就算清清楚楚,但,也难让有些企业人心服口服;或者,他们只是在每日数不尽的救火行动中,逐渐迷失或逐渐有了迷思——开始认为,其实并不一定要明定目标,因为如:

☆ 不是每件工作都可明定目标;

☆ 明定目标后有时会抑制创意;

- ✩ 我们以前一直未明定目标，也一直很成功；现在为何多此一举？
- ✩ 有一些事情就是无法去衡量；
- ✩ 为部属明定目标，是否意味着威胁？
- ✩ 部属达成目标后也没什么奖励，何必自讨没趣？
- ✩ 明定目标容易在团队内形成离间，造成不和；
- ✩ 我们是有目标，但总达不到，或者改了又改，定了也是白定；
- ✩ 我们是高新科技业，目标总在快速移动；
- ✩ 如何明定目标？众说纷纭，我无从开始；
- ✩ "我鞠躬尽瘁，做死了烂命一条，老板你还在苛求什么？"（"I'll do my best，OK？"）

对这些似是而非的论调，领导人必须针对个案，想出突破心防之道。但，更麻烦的是，有些领导人也是反对订目标的，他们说：无中生有订未来目标未来两、三年？未来5年？10年愿景？我连今年做多少，明天活不活得过来都不知道。领导人境遇若此，就不再是领导人了，离开他们吧！他们连筑梦、逐梦、完梦的豪情都已不在了，他们不是领导人（leaders），他们是追随者（followers）——说不定还只是疲于奔命的追随者。

在华人组织中，虽身为企业人，却难免不知不觉地困守一些千年农业社会存留的思想而模糊了目标。例如，有人想都没想就相信：一分努力自有一分收获，不必强求结果；只问耕耘不问收获，不必斤斤计较于结果；但重过程不必重结果，光在过程就收获很多！工商社会是势利多了——是要过程也要结果，是要耕耘也要收获，还要算本益比，要计算值不值得！

目标订太多、太远了，或组织太大、太老了，一些人是会常常忘记了所追求的最后结果。于是虽然走出"迷思"来，却走入"迷失"中——为活动而活动，不是为成果而活动。

美国一位知名顾问道格拉斯·史密斯(Doug K. Smith)说了一段有趣却真实的故事：他曾对一家跨国大公司，约百位高层主管提问："你自己，以及你的部属们，今年被激励、被鞭策，要达成的最最重要的绩效/成果是什么？"

问题一提出，众大将哗然："太普通常识了，不值得回答"，最后在他们CEO的坚持下，众将官才作答——答案一出，CEO惊异不已！因为几乎99%的目标叙述都是：为活动而活动，非为成果而活动。史密斯说：大部分组织的大部分成员，在大部分的时间里，都在为活动而活动。他们的"目标"是"活动"，而活动有无成果，似乎已不太重要。

众大将官如此行，那么小官小兵对绩效有何期望？你还熟悉，或似曾相识下列情境吗？小官小兵们常说这样的话。

- ☆ 不清楚上司期望。能清楚说出上司要求与标准者，据说十不得一。
- ☆ 上司自以为已清楚表达期望。事实上讯息模糊，甚至上司也不想表达清楚。
- ☆ 上司以为员工自己知道自己做得好不好。事实上，做不好的员工常自认"很好"，或"某种状况下，还非常好"。
- ☆ 上司权责分不清。虽然要求明确。
- ☆ 奖惩生疑惑，好绩效却生坏结果。被忽略、被嘲弄为爱现、要求"能者多劳"……因此也代劳了许多"不能者"的事；不照规矩者与"不能者"反而得利。

从这些实例中，你会发现，当责的纪律与工具是直接有助于解决这些迷思与迷失的。设定目标，似乎简单至极，企业实务中却不然。大小企业的大小目标在"迷思"与"迷失"中，剪不断，理还乱。

本章、节走笔至此，也自觉长篇累牍，但婆婆妈妈地说明理论与实务，无非要还给"目标"及其后的真正"成果"一个公道。

目标之不存，何当责、执行力与成果之将附焉？能不慎乎！

"纵使在练习场，我也从未击出任何一个不是在我脑中已有一幅非常尖锐、聚焦图像的球。"

——杰克·尼克劳斯

"I never hit a shot even in practice without having a very sharp, in-focus picture of it in my head."

——Jack Nicklaus

11.2 目标的设定与管理

"当责"与"成果"不分家、不相离，所以西方企业老板常说："你要为成果承担起当责。"（"You hold accountable for results."）

如果你对当责的概念、纪律与工具已了若指掌并深埋心底，那么现在的问题是：交出什么"成果"（results）？——定义成果，是要明确目标。是故，下面由 5 个角度来看"目标"。

11.2.1 时间的目标

谈目标，我们最常指的是"年度目标"（annual objectives）。好消息是，"我们今年底，做多少算多少"的企业经营者越来越少，大都有了年度目标。

微软的比尔·盖茨曾说："我们距离失败，一向只有两年之遥。"甲骨文的传奇 CEO 艾利森（L. Ellison）则说，他们一直在认真执行 5 年计划。所以，一年计划显然不够，企业人又推向一种大于一年的计划，称为策略规划。二到三年的策略规划，我们通称中程计划，三到五年的就称长程计划了，有些人已经不看那么长了。

但，有些人看得又更长——这些人看到10年乃至更长。这些更长的目标，我们也可称它为"愿景"（vision），这些有愿景的领导人可能成为"高瞻远瞩的领导人"（visionary leaders）。有些不以为然者，称他们为"打高空"的人。有很多伟大的企业是由这些能"打高空"也能卷起袖子在地下室工作的人建立的。

往比较短的目标想，少于一年的，就有日目标、周目标、月目标、季目标，还有超短期、高效能的"下一步"（next step）——太重要了，我将在最后有详述。我们常谈的项目，它的时间架构就多变化了，从两、三个月到两、三年，为了方便追踪管理，也避免最后一翻两瞪眼，我们也常在各不定时间中，依工作进度关键性，设立"里程碑"，是为"里程碑管理"（milestone management）。

在这些短期目标中，最具关键重要性的，除里程碑外，就是季目标了。因为，一年只有4季，如果你季目标没达到，应该要被拷问得汗流浃背，被盯得满头是包，还要立即补上详尽的追赶计划（catch up plans）。

短程目标，西方人英文通称"objectives"，如一年计划（annual objectives）；长程目标英文常称"goals"，如5年计划（five-year goals）。但，也有少数人认为"objectives"是要比"goals"更长远而大的。中文的"目标"就是目标，把时间加在前面即可，看似简单扼要，事实上却引发更多迷糊仗。

11.2.2 目标的内容

老板心中的目标，不管说几遍，常常还是与部属认知的目标不同。

柯普兰在平衡计分卡中推介的目标概念，已渐成国际共同语言，有助澄清。

不可不知、不宜不用，他认为目标的内容，有三个层次。

第一层是"策略性目标"（objectives），是目标大项。

第二层是"衡量指针"（measures），是细项，为达成 objectives 而提出的各种势必加以衡量的较小项。在英文管理文献上，也有同用度量(metrics)或指示器(indicators)来表达的，如 KPI 管理中的 I 即指示器(indicator)；故，与此属同层次。

第三层是"指针数值"（targets），是数字。各项"衡量指针"之下都要有数字，数字还可分为基准值、目标值、延伸值。重点是一定要有数字。

则所谓"明定目标"指的是，我们订了如下列的目标。

我们今年的策略性目标之一是：提高新产品营收。新产品营收中，有一项"衡量指针"是：新产品在客户中的占有率；其中对 A 级客户的"顾客占有率"在第三季中要提升到 35%，对 B 级客户……

当然，在"衡量指针"中，除了"新产品在客户中的占有率"外，仍要选定其他几个关键性指针，各指针之下仍各有其选定之数值；这些指针加数值，综合后，承上启下连结、贯彻、实践、评估、奖惩，即是平衡计分卡系统运作的精华部分了。

另一方面，在"衡量指针"中，总和多个关键性指针后，亦构成了所谓的 KPI（Key Performance Indicators）管理。这些 KPI 如非源自策略性大目标，则短期无碍，但长期可能与大策略脱钩；故，为柯普兰所不喜，并频提警告：三个目标层次都要。但，只依"利害关系人"的需求，而简化、选择、应用第二层"衡量指针"项目的一般 KPI 法则，却仍普受企业人欢迎。也有越来越多的组织，在应用后，分享越来越多的有用实例。

系统化解构目标内容后，正如图 11-2 所示。

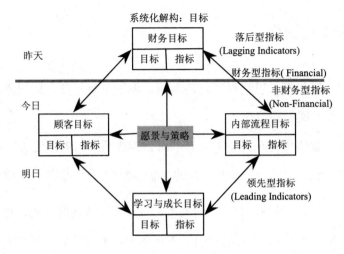

图 11-2　平衡计分卡中的 "目标"

资料来源: R. S. Kaplan: "The Balanced Scorecard"

所以，平衡计分卡的目标内容是平衡了：

☆ 财务性目标与非财务性目标；

☆ 内部目标与外部目标；

☆ 落后型目标与先导型目标；

☆ 昨日、今日与明日型目标。

在第 10 章中，我们讨论过企业当责。企业对广大社会中的利害关系人已经要"自愿"或"被迫"地负起当责，所承担当责的目标项内容即加强了"非财务性目标"中的"社会性目标"。

所以，企业订目标，内容不能再只局限于财务性目标，应当增加非财务性目标；非财务性目标事实上是财务性目标的幕后驱动因子，也是先导型、明日型目标，是对企业本身有利的、是能形成"竞争优势"的。

11.2.3　目标的数值化

目标的第一层与第二层项目确定清楚后，再下来最重要、最困难，甚至具有争执性的工作，就是数值化了。

指针都可以数值化吗？有些的确有些难，但先看看 19 世纪英国物理与数学家开尔文（Lord Kelvin）——温度指针的 K 值指针就是他建立的，他的说法是：

"当你对所要表达的事，可以进行衡量，并以数字陈述时，表示你对此事已有相当了解；当你仍无法以数字陈述时，表示你对此事的了解仍然贫乏与不足。"

("When you can measure what you're speaking about, and express it in numbers, you know something about it; but when you cannot express it in numbers, your knowledge is of a meager and unsatisfactory kind.")

美国有一家顾问公司经实地广调后，报道了如下结果：企业经营中有 93% 的目标，可以有数量化的目标值（targets），但仍有 7% 需使用主观性的指针，如：优、良、中、可、劣。

所以，93% 远比我们想象的高出许多，也证明我们订定目标的数值化，仍有很大的改进空间。

一般来说，要估量"指针数值"，有下述这些资料来源可供参考。

☼　员工，让员工参与；但，小心选手兼裁判的现象。

☼　商界趋势分析及其他统计技术。

☼　高层经理人访谈；请及早访谈或座谈。

☼　组织内部或外部评估会议。

☼　客户与其他利害关系人之回馈。

☼　工业界之平均值。

- ☆ 标杆学习(benchmarking)，向业内明星学习；但，小心不同重点诉求与活动组合的陷阱。

也没什么大学问，简单来说就是：老板怎么说，大家怎么说，外界怎么说、趋势怎么说；然后，建立基准值(base-line)商定目标值，依状况再加上延伸值(stretch)——延伸值通常指的是：没达到不罚，达到有大奖的激励性目标。这是韦尔奇时代GE常用的方法。

订定指针及指针值，还有个简单通用的方法，习称为"SMART"，亦即要特定明确，非含混笼统(Specific)；要定量有数字，至少等级标准(Measurable)；要有积极性、挑战性，但非高不可攀(Aggressive yet Achievable)；要有实质关联，非打高空、敲边鼓或虚晃一招(Relevant)，要有时间限制；过了底线(deadline)，就是失败(dead)(Time-bound)。

11.2.4 当目标明定后

当目标/指针确定后——例如，做完策略性目标(objectives)、衡量指针(measures)及指针数值(targets)三者后，彼得·德鲁克如是说。

决定仍未完成，除非员工知道下面这些事。

- ☆ 谁是"当责者"？
- ☆ 何时是"大限"(deadline)！
- ☆ 谁会被影响？通知了吗？要了解：核准后至少不会被强烈反对。
- ☆ 谁还需要被通知？纵然他们不是会被直接影响。

同样地，在这个过程中，我们也可以嗅得到ARCI的味道。简言之，要做的事就是沟通、协调、连线，具体如下所示。

沟通：上情下达、下情上达；没有沟通清楚，目标不成目标，连策略都不成策略。

协调：不只垂直的功能性组织，还有平行式的跨功能组织。

联机(alignment)：把仪表盘(dashboard)后面的所有线路与各分机、主机完整联机，然后，各种行动方案(initiatives, tasks, processes, projects, programs…)出炉。最后，还是不能忘记的：要确认"当责者"。

现在，重回到我们的"任务循环"上。规划环由"最后成果"进到"行动方案"，然后到"执行能力"；执行环则反其道而行。在整体"任务循环"上，当责的纪律与工具如：个人当责、个体当责、相互当责、团队当责、合体当责，乃至组织当责、与企业当责都已成为制定目标、完成目标、交出成果的关键了。

"如果你不能描述，你就不能计量；

如果你不能计量，你就不能管理。"

——柯普兰，哈佛大学教授，"平衡计分卡"创立人

"If you can not describe, you can not measure; If you can not measure, you can not manage."

——R. S. Kaplan

"如果你不能计量，你就不能改进。"

——格鲁夫，英特尔前 CEO

"If you can not measure, you can not improve."

——Andy Grove

"被计量过的，就会被完成。"

——修利特，惠普共同创立人

"What gets measured gets done."

——Bill Hewlett

11.2.5 那么，你的"下一步"是什么

目标是个人与团队的生命之泉、活力之火。

前面已由 4 个角度看过目标，如再以时间的角度来想一想：有长程的愿景，有常见的年、季、月目标，有短短的周、日目标。现在，更有超短的"下一步"（next step, or next action）！

"下一步"是什么？

这个超短型"目标"其实是启开行动引擎的第一击，它让轮胎撞击了路面，所以威力是强大无比。戴维·艾伦（David Allen）在他的畅销书《尽管去做：无压的工作艺术》（Getting Things Done）中，也特别强调了"下一步"的重要性。他说，在他 20 余年的顾问生涯里，对许多高层主管乃至一般主管最有效的提问总是：那么，你的下一步行动是什么？（So, what's the next action？）

举例来说：

☆ 如果你已规划完成，半年后全家要去度个长假。讨论完成后，不要以为大功告成，把计划妥善收藏或束之高阁。要问一下自己："我的下一步行动是什么？"——找出旅行社老王的电话？拨个电话给他？自己拨？或要儿子代劳？

☆ 如果你已计划好半年后推出新产品，很想确定客户需求有否改变？问一下部属："你的下一步行动是什么？"——找出那个关键客户老林？拨个电话给他？写个 E-mail 跟他约个时间聚聚？

所以，自问、问同事、问部属："那么，你的下一步行动是什么？"会迫使人们如下做。

☆ 实时澄清问题：例如，能在会议结束 20 分前，提请有关人等明确地做出一个决定。

☆ 找人负责行动：例如，有特定的人会采取一个特定的行动，并负起当责。

☆ 贡献出生产力：只有行动，才有生产力；一小步逐渐汇成一大步。两年目标不是两年后才做，是由现在的一小步逐渐去完成。

☆ 提升成事的能力：停止推拖、不再观战、积极主动，做自己的主人，当自家船的船长；不需等到窘迫不堪才仓皇去做。

"目标"标示百里路，百里路始于第一步。希腊谚语说："开始"是每一项行动的一半路(The beginning is the half of every action)。超长的目标是引向无穷的生命力，超短的目标则激发无比的活力；没有目标，无从谈执行力，如果你已订好大大小小、长长短短不同的目标了，那么，再问一次："我们下面要做什么？"（"So what's the next action？"），让轮胎开始撞击路面！

或许，文学家深邃的思维与细致的观察中，也可以帮助企业家更为成功。马克·吐温如是说：

"超前一步的秘密是开始第一步；开始第一步的秘密是：先把复杂无与伦比的工作，分解成可管控的小小工作；然后，启动第一个小小工作。"

（"The secret of getting ahead is getting started. The secret of getting started is breaking your complex overwhelming tasks into small manageable tasks, and then starting on the first one."）

每一项任务都会有一些目标，"下一步"算是一个超短期的目标，在这个超短期的时间节点上，目标与行动已合而为一——"下一步"（next step）成为下一步行动（"next action"）。所以，问一问、问自己、问他人：

"下一步行动是什么？"

（"What's the next action？"）

势将成为订定目标、采取行动中，最重要的一击。

不论难题可能有多大、多难，排除迷惑要靠的是，迈出一小步——指向最后答案的第一小步。开始做些事吧！

——乔治·诺登霍

No matter how big and tough a problem may be, get rid of confusion by taking one little step toward solution. Do something.

——George F. Nordenholt

还记得本书序言中的做一些事（Do something）与多做一些（Do more）吗？

回顾与前瞻

在日常管理里，设定目标仍是个大问题，最常见的状况仍是：上级交辩、奉命行事，乃至屈打成招。在未来，我们有机会让目标订定成为一种协议吗？让人拥有对目标的拥有感吗？更能交出成果而更有信心与成就感吗？

有。答案在 A 与 C 两方的手上，工具则回到(小白兔)的头上。首先，A 必须具备优良的"规划"能力，从"最后"成果下手，想好各种财务与非财务目标，并设法向上与策略取得连线；然后，进入"行动方案"，想好各种所需的活动与方案；最后，根据这些活动与方案分别想出在人力、物力、软体、硬体等方面所需的资源与支援。由这些资源与支援的取得状况，再与 C 要求的目标做合理协商。协商时，双方的基础考虑因素常是：小白兔嘴巴处的所需"活动"与"方案"，与鼻头处的"计划目的"。

如此这般，在小白兔的两眼与小嘴之间，依序正反来回走几趟，一个有合理资源与支援，有适当活动与方案，以达成一个双方满意的最后成果/目标就完成了。

其实，这也是前述 QQT/R 订目标法的基本道理，更是彼得·德鲁克倡导的"目标管理"的基本精神，小白兔的下半脸，因被来回走了几趟，也更像长成络腮胡了。

如果，你发现目标订得不合理，年年难如意，总多垂头丧气；因为，屈打总难成招。那么，不如开放些，让小白兔在规划时长个络腮胡；其实，你的执行力在"规划"时已决定了60%～80%，这也正是我们在许多研讨会后的决论。

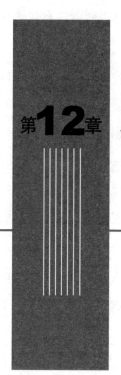

第12章 当责——培育领导人才

你是"将"将，还是"将"兵？强将手下无弱兵，却有很多弱小将！你能授权也授责吗？你肩挑的责任是过重，还是过轻？你知道"责任学"如"热力学"也有守恒定律？你有"责任感中毒"现象吗？当责是治病也是强身良方……

"当责"的权责授受,与"ARCI"的模式运作,可以协助你培育新领导人,并防止自己感染"责任感病毒"。

责任过高或太低都是病状,被称为"责任感中毒";所中之毒就是"责任感病毒"。台湾著名管理大师许士军教授曾说:这种责任感病毒,带给组织的杀伤力,不下于疯牛病、禽流感等真病毒对社会的伤害;因为,这一种组织病毒所破坏的,乃是决定一个组织核心和活力来源的DNA——"责任感"。

如果,你是个勇于任事的领导人,你一定是勇于负责,且"当责不让";但,有没有太够"神勇"以至于负责过度,没想到授权授责,也忘了培育新的领导人?

如果,你的职责正不断提升扩大,可能是个未来领导人,你现在可能在迟疑,多少责任才算负责?权责为何不平衡?在等"权"下放来临时,你甚至于责任过低?你甚至于害怕责任?

在负责任的过程中有所谓"责任阶梯",阶梯的上下两边极端处,正是"责任感病毒"的温床。培育自己与他人,有 ARCI 模式、有"责任阶梯",步步而行,应可平安无战事;但,实际过程可不平静,要防止的总是"责任感中毒"症——自己中的,别人中的。

GE 前 CEO 韦尔奇说:在成为领导人之前,你是在栽培自己;在成为领导人之后,你是在栽培别人。

诚哉斯言也。

现在,你已是领导人——从大部门的大领导人,到小单位的小领导人或小小领导人。你已身在其位,你不是在竞选;所以,开始栽培他人、帮助他人成功吧——说不定,成就的是比自己更大的成功;但,肯定的是,必定会让自己更成功。

12.1 "责任感中毒"与"责任阶梯"

加拿大多伦多大学管理学院院长罗杰·马丁(Roger Martin)在长达20余年的顾问生涯中,曾近距离观察许多执行官、总经理、董事等高层经理人及其组织,发现他们常被所谓的"责任感病毒"(responsibility virus)侵蚀;中毒后,有两种病态:第一种是亲力亲为、独断独行的英雄式领导,抱着个人所无法承受的过多责任,"以天下兴亡为己任";终而引发失败,造成组织内更多的不信任、冷漠、挫折、退却与悔恨的环境。第二种是另一面极端:想尽办法或天生自然地推卸责任、逃避责任,造成的也是与第一种病毒所形成的类似的组织环境。

马丁院长进一步推论:企业运作在任何状况下,责任都有一个定量。如果有一方承担过多的责任,另一方就只需扛起剩下的较少责任。他称这种运作法则是"责任守恒定律"(Conservation of Responsibility),一如热力学上的"能量守恒定律":在密闭系统中,能量不会增加,也不会消失,但会转换。

能量会由动能转换成热能或位能。责任的转换经由授权,有不同程度地授权,从一人转到另一人;也可能不经授权,全凭自由运作,毫无章法。但,正如前面章节中所述的,纵然有"授权"(delegation),也常只授出权力,并未"授责",亦即,要求责任。以ARCI的观点来看,上司仍是A,被授权者顶多只是"较大的R"或"更大的协调者"。上司有时连权力也未真正授出,所以"责任"总是未完成转换过程。

真正"赋权"(empowerment)时,上司已退为C,被赋权者不只获得权力——虽不一定十足,也承担起当责——真正当了A。这时,"责任守恒定律"起了作用,责任上也互相有了加减,完成了转换。

"没有任何一个人,能成为一位伟大的领导者——如果他想自己包办所有的事,占有所有的功劳。"

——卡耐基,美国钢铁大王

"No man will make a great leader who wants to do it all himself or get all the credit."

——Andrew Carnegie

企业界"赋权"的执行状况并不理想,原因何在?柯维做过了有系统调查,在《高效能人士的第8个习惯》中,公告调查结果如下。

1. 经理人害怕放手……………………97%
2. 整个组织的系统无法协调一致………93%
3. 经理人缺乏技巧……………………92%
4. 员工缺乏技巧………………………80%
5. 员工不愿承担责任…………………76%
6. 经理人太忙碌了……………………70%
7. 管理制度偏向控制型………………67%
8. 员工不能信任经理人………………49%
9. 员工缺乏诚信………………………12%

所以,授权授责窒碍难行的主因是:经理人害怕放手,也缺乏技巧,员工受权受责也缺乏信任与技巧,整个组织的系统与管理制度也不一致。

在国内职场上,情况相类似。如果,你问经理人为何不授权?通常回答总是如下几种。

授权花费时间,比我亲自去做还要费时

很多高新科技从事人员多有此说;其实,这只是一个自我合理化的想法,事实可不然。纵然果真如此，为日后长远计，这种时间投资也是值得；否则经理人日后仍需重复工作、日理万机。

我的部属，经验与技巧真的都不足

那么，确实不能授权，会误人误事的；收拾善后时，更可能贻误戎机。但，解决之道是：赶紧训练人吧；今之"能者"不宜多劳，而宜多思。

我不信任我的部属

俗话不是说："如果想要把事情做对，就自己做吧。"现在，就别这么"俗"了。要仔细思考你不信任部属的真正原因，然后对症下药，避开弱点，善用强项。每座高山都有高峰与低谷，每位人才都有强项与弱项；硬做平均后，人才都成了庸才。

我喜欢自己做

这事正是我的专长、我的长处，自己做起来又快、又好，又有成就感；其实我也正是靠此升官的。但，好的经理人会从整个组织与人才培育的角度重新思考；如果只有你能做，你就卡在原位，再也升迁无望了。

这点有些不好意思：我担心他们可能做得比我更好

聪明经理人知道：样样通，样样松，自己不可能全精通，科技世界犹然。故，不只用人用强，也不怕属下比较强；多发挥管理与领导长才，不要在技术上争风吃醋、争强好胜。

不愿授权、不会授权，如此这般，国内外皆然。影响所及，最后是"责任感病毒"入侵，组织呈现中毒现象，无由培养领导人才，无法提升执行力。

马丁院长诊断出了病毒，也提供了解毒法——一个 6 层的"责任阶梯"（responsibility ladder），给经理人与员工一个授权受责的步骤，也给员工一个爬升与学习的阶梯。我在参悟其中精髓、引入个人经验后，演绎如下以为参酌。

第一层：袖手旁观，置身事外

他们把问题丢给别人，通常是丢给上司。他们表示自己力有未逮、爱莫能助；难得的是，上司也乐得揽猴上背，顶多抱怨几句。这层是典型的中毒症候群，部属完成告知问题、说明原因之后，就自认没事了。

第二层：怯于上前线，宁居于幕后

他们要求别人解决问题，但自己在一旁学习，仍无力或不愿负责；但，已有一些"抗体"了。

第三层：已做过研究，请求别人合作

他们已对问题做了初步研究，清楚成因、界定了状况，能明确请求别人合作或分担责任，希望把问题系统化。

第四层：想建立伙伴关系

他们已把问题系统化，开发了可行方案，请求别人一起合作，希望做更佳选择，共组成功伙伴关系。

第五层：愿意承担当责

他们从多项方案中，做出有效分析，选取最佳方案；并向上司推荐最佳方案，准备执行，并承担当责。

第六层：做英雄式领导

这是马丁院长研究的另一个中毒层，这一层中的人，他们思考各种方案，自行做出决定，并且加予执行，最后通知别人。此时，出现的场景可能是如：

"老板，我发现了一个大问题，几经研究后，有了4项解决方案；我决定采行第三案，并已于上月初，全力投入推动，谨此告知。"

这种部属，其实已非部属，应获提升；或者，升无可升，已成英雄式领导了。

在我们的 ARCI 架构中，这个第六层级的人物是个不折不扣的 A，但，已无 C，其他人都已成了 I 而已。如果，他是个 CEO，他没有 C，毋需咨询董事会、委员会或其他顾问人等，成了独断独行者；好险的是，总算事后有告知，还有个 I 的概念，但显然太迟。

想象一下，也没有 I 时，是什么场景？

第五层级的领导人，是我们 ARCI 法则中的正 A，他的老板已退为 C，这个 A 有攻有守、进退有据，是个最佳的"赋权"范例。至于从第二层到第四层的人们则是 R 的受责与成长过程，他们逐渐由"依赖"向上爬升至"独立自主"，假以时日再加上"互信互赖"特性的养成，就是足堪大任的 A 了。

在一个组织系统里，责任确是守恒的；如果我们不能多培养一些第五层的 A 级人才，或第四层的 R 级人才，我们就会有更多的人承担过多（如第六层）或过少（如第一层）的责任。两者都会对组织造成很大伤害。

中毒的最底第一层人，如能知过而改，往上提升，至第四层或第五层，即可授权授责、执行任务了；中毒的顶层第六层人才，通常是悲剧英雄，改变比较难些；如果，这位 CEO 还能力超强、道德偏低，那么必然对组织乃至社会酿成惨剧；最近，国内国外都有不少活生生的范例。

当责的纪律，与 ARCI 工具仍是具体的解毒良方。

12.2 领导人的"教练"能力

领导人不要对组织与社会酿造惨剧，也不要当悲剧英雄。"赋权"后，上司其实还可以更上层楼，是为"灌能"（enable 或 enabling）。

"灌能"与"赋权"有时在意义上是互通的；但，更细腻来说，"灌能"比较偏重于发展部属的特殊才能与技巧、信心（confidence）与信任（trust），让部属感觉到富饶能力也信心充足;是力上更得力,不是加力以补其能力不足。上司有时也帮忙排除一些心理或官僚障碍,让这个 A 更成功。这时,上司的 C 可能已悄悄地由顾问(consulted),更进一步提升为教练(coaching)了。

"顾问"与"教练"两种角色是有许多不同;在两方对话时,对"对方"的重视程度,即可分出端倪。我在参阅黄荣华与梁立邦两位所著《人本教练模式》后,参考其基本图而提出不同的观察,并同时再加上另外两种角度即"内容"与"流程"——做进一步阐释,如图 12-1 所示。

	老师(Teacher)	训练者(Trainer)	演讲者(Speaker)	领导(Manager/Leader)	顾问(Consultant)	服务商(Facilitator)	教师(Mentor)	教练(Coach)
1. 对"对方"的重视程度	小	小	小	小/中	中	大	大	大
2. 对"内容"(content)的重视程度	中	大	大	大/中	大	小/中	小	中
3. 对"流程"(process)的重视程度	小	小	小	中/大	中	大	小	大

图 12-1 从"教师"到"教练"

所以说,依据对"流程"、"内容"及"对方"这个人的重视程度,上司可能扮演 8 种角色,以教育或培育未来领导人或接班人。

中国先贤韩愈说:"师者,传道、授业、解惑也。"传道,是一个层级,主要在传各种新知旧闻的知识与道理；授业，是另一个层级，在授受事业、完成事业任务；最后一层级的解惑，应是在协助事业与人生的综合性发展、解决各种疑惑。中国古时拜的"师父"（master）应是兼具上图中的 8 种角色！所以常是：生活、工作、学习、应用都在一起，为师的软硬兼施、公私夹杂、亦师亦友、似严还慈，最后还成为："一日为师，终身为父"，很吓人的。而师父（master）也像万能钥匙（master key）一样，帮你解决所有问题。

现代人不可能身兼数职，但也总是忽略了"教练"（"coach"）这一层级的重要性。包熙迪在他《执行力》一书中强调，未来每个领导人都必须是教练（coach），教练方式才是扩展部属执行力的单一、最重要的工具。

所以，优秀领导无需走向悲剧的英雄式领导，可以变身为教练，或教练的教练。或许，当不当教练，看法各异，仍有争议；但，现代管理中，必须健全 ARCI，必须授权授责，绝无疑义。

"大将军"当责不让、责无旁贷，管理全军，也培育众将领，但不必抢着管理众大小兵，来看下述这则中国历史故事。

12.3　你是"将"将，还是"将"兵

学贯中西的许倬云博士写的《从历史看领导》一书中，说了一则历史故事。

汉高祖问韩信：樊哙能带多少兵？

韩信答：十万人。

汉高祖再问：滕婴能带多少兵？

韩信答：滕婴善带骑兵，其他兵不擅长。

汉高祖又问：那我本人可带多少人？

韩信答：一千人左右。

汉高祖不悦貌。再问：那你韩信可带多少人？

韩信答：多多益善！

汉高祖更不悦，韩信才说：

"你能将将，我能将兵。"

韩信是说：汉高祖能领导众将领，而韩信自己只能领导众大兵。

历史学家许倬云博士续评："韩信只是个带兵之人，不是领将之才；后来不免死于未央宫，因为他手下没有产生大将。"那么，韩信是"知彼知己"，却不能"即知即行"，终究是宿命，不免令后人浩叹了。

我们常听到："强将"手下无"弱兵"。在企业界，我常看到的则是"强大将"手下有一群"弱小将"，大将威权无限、魅力十足，领军作战、将士用命，无敌不克、无坚不摧。中间的诸小将们呢？唯唯诺诺，无足轻重。大将疲累时，不免自叹：没有我，大军怎么办？但顾盼自雄，心里其实是蛮得意的。

在 ARCI 运作中曾提到，被赋权的 A 的位阶应尽量往下层走，直到"资格"有了疑虑。大将军则退为 C，C 是顾问（consulted）。如果你要更积极培养众中小将，C 还应再提升为教练级的教练（coach）。在企业里，大将军如真有意，甚至还可当 R，如英特尔的前 CEO 格鲁夫般地建立典范。当大将军已放心准备交棒时，就成为 I 了；当然，后来连 I 也不是，悠游世界去了。"廉颇老矣，尚能饭否？"老将老的不只是体力，老得更快的是智力，是学习力；如不能保持新的学习，不只"学历无用"，也"经验无用"。

英国实务派管理大师阿代尔，在论述"直线领导"时，力主大将军唯有在紧急的特殊状况下，才能对众大兵直接下命令的。

美国哈佛商学院塞蒙斯教授在他的《组织设计的杠杆》中，也有一段论述"当责的幅度"（span of accountability）。他说：以前的组织在要求对成果承担当责时，是对高层经理人提出的；但，在现代的组织设计中，各个阶层的领导人都应对成果承担当责。如果以图表示，图 12-2 最为清楚，由左方的中央集权制走向右方的分权决策制，当责的幅度由高层经理人，不断往中阶乃至第一线人员延伸，直到有资格问题而卡住，而暂时停止授权授责，加强培训。

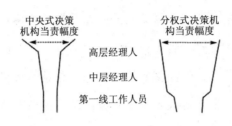

图 12-2　改变中的"当责幅度"

资料来源: R. Simons: Levers of Organization Design

当"当责的幅度"由上往下移动，如图 12-2 的由左而右，那么造成的结果是：强将手下固无弱兵，亦无弱小将，而且后继有将才。

如果在组织内，大将、中将、小将，大兵、中兵、小兵能连成一线，就成了管理大师夏蓝(R. Charam)名著《领导管路》(*Leadership Pipeline*)中所述的领导"管路"了。领导人不能让领导"管路"中，空掉一截，要即时注满它。然后，才可以像 IBM 全盛时代，一位销售副总说的：在 IBM，在顶端走了一位 CEO，就在底端就再补进来一个业务员。

12.4　戴几顶帽子的问题

在西方公司的组织中，如果你身兼二职，就说你戴了两顶帽子。如果有个人，头戴了两顶甚至更多顶帽子，那么他很可能是公司的明日之星。因为，多个项目经理都在争取他,于是他的工作时间就60%与40%,或30%、30%与40%地分掉了。在项目团队中,有能力的工程师如果能多戴几顶帽子,肯定可以增加项目成员的灵活度,也可增长自己的学习与见识。可惜常看到的是,团队成员大多只能习惯于:全身而进、全身而出,从一而终,无法一身二用。

然而,我们的领导人,就不同了。他们大都不只一顶帽子,而是无数顶帽子,其中许多帽子都是虚的、有名无实的,这些帽子都应该下放一阶、二阶,甚至三阶地让部属受权受责,名实相符地承担当责。让"责任守恒定律"恢复作用,让组织因"当责不让"而恢复活力,也让整条"领导管路"充满活水。

用当责的概念与工具栽培人才,让各级人才具备当责的人格特质,最后成为第五级"责任阶梯"中不偏不倚、有攻有守、有所为有所不为的将才,免除了第一级与第六级的"责任感中毒"遗害。

回顾与前瞻

培养人才应该定性、定量地化为 KPI,写在领导人的(非财务目标)的(学习与成长)项目上,阶级越高越需要具体要求。以 ARCI 的角色责任图解为例,就是要培养出所需的 A 级人才。我们在许多讨论中都提到要做到:"放手,而后能成长"("Let go and Grow")。

放手(let go)的是谁?是 C。

成长(grow)的是谁?是 A。事实上也会有 C 及随后的 R 们。可惜,"放手"又正是害怕赋权的第一大因素。经理人应以 ARCI 为方法,为流程,为架构,逐渐放权,放手。以一年、两年或三年为目标,订下由"授权"(delegation)提升到"赋权"(empowerment)的时间表,唯有赋权才能真正培养人才,也唯有被赋权的人,才能真正赋权下面的人。

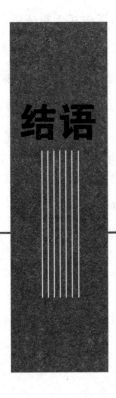

结语　当个"当责领导人"

当责是管理的灵魂,当责也是领导的灵魂。当责是那"一以贯之"的领导之道,让我们再一次审视现代"当责领导人"的三个行动面,及其在未来大竞争中,将具有之"当责优势"(accountability advantages)。

美国通用电气(GE)现任 CEO 伊梅尔特,自强人韦尔奇手中接下重任后,第五天即接受了"9·11"世贸崩毁的震撼教育,GE 许多事业部直接蒙受巨大打击。历经沧桑 4 年后的 2005 年,伊梅尔特所带领的 GE 团队重新占上《财富》杂志"全球最受尊崇公司"第一名。他对"领导"有一段刻骨铭心的心路历程,他如是说。

在我们现在所处的世界里,领导力(leadership)是进入你自己的一段热烈旅程;极为热烈——尤其是当你决定要走入全程时。这个旅程是关于:

你将要走入多远;

你将要学习多快;

你可以改进多大。

你永远无法得到最顶端的工作——如果你只想用你现在所知的;领导人如要达于顶端,那是关于:

你学习得多快;

你调适得多大。

下面所述,我们要思考一些领导人——尤其是当责领导人,在学习与调适的旅程中,几个重要据点与实际行动,有些确是需要热烈迎战的。

领导人不是被委派的,领导人存在于各组织各阶层之中

彼得·德鲁克在《有效经营者》中,对"领导人"的挥洒空间有一段精彩论述。他强调,经营者要"聚焦在贡献上"(focus on contribution),不是"聚

焦在气力上"(focus on efforts)。他说:"当经营者聚焦在贡献——对组织的最后贡献上,那么他会把他的注意力移出他自己的专攻领域、他自己的狭窄技能、他自己的所属部门;然后,转向整体绩效。所以,他的注意力必然转到'外界'——因为只有'外界'才是唯一可以获得成果(results)的地方。"

德鲁克又说:"聚焦在'气力'(efforts)上的人,总是强调层级的权威。但,不管他的职称与层级有多尊崇,他终究仍只是一位部下或从属(subordinate)。然而,一个人如能聚焦在贡献上,对成果负责,那么,不论他多年少,就管理学名词上最简单的字意来说,他就是'最高管理人'(top management)——因为,他为他的整个绩效担起当责。"

如果,不能为成果担起当责,再资深的人也是从属、部属,他总是在看老板脸色、仰人鼻息。如果,能为成果担起当责,再年少的人也在顶端,是最高管理人,他知所当为、为所当为、全力以赴,并交出成果。

对华人世界来说,"聚焦在气力上"还另有个潜在危机,那就是:"气力"将为所谓的"虽败犹荣"、"没有功劳,也有苦劳"留下伏笔。

"当责领导人"把当责列为"价值观",甚至"核心价值观"

领导人的字意与含义都是领之、导之——亦即能对"跟随者"在思想、心态、行为、行动、活动、执行、成事之间,领之、导之,并于适要时管之、理之。

因为,"价值观"经进一步理解澄清后,可成"信仰"(beliefs);信仰课以生活经验印证后,可成哲理(philosophy);哲理佐以各种切身攸关的议案专题,即成原理(principle)；原理中配合事件之优先次序，即成概念(concept)；概念化(conceptualization)后态度转化与应用于活动中，就进入行动致果的最后阶段了。

这段"概念化"的过程，西方人称之为"概念化能力"(conceptual capability)，通常是检验一个人是否真正具备领导能力的重要标准。整个思维过程，有时如电光石火、即思即用；有时是细火慢炖、陷入长考。但，领导人由"价值观"出发，则思想、行动再博大、庞杂，终是一以贯之、前后一致，这构成了领导人的重要特质。

就如孔子学说博大精深、源远流长，影响着几十亿人几千年，孔子却说："吾道一以贯之，忠恕而已。"以现代管理学名词来说，这个"忠恕"就是孔子思想与行动的"核心价值观"了。

如果，当责成为"核心价值观"，在企业活动的许多反复激荡，与不断焠炼、煎熬的过程中，会逐渐形成下列左侧的领导特质。

☼　信任、可信度←→负责到底、没有借口、当责不让。

☼　诚信←→有报告、有后果、有承诺、有成果。

☼　透明度←→愿报告、能赋权、具平衡目标。

☼　一致性←→发达自个人当责、身教言教一以贯之。

☼　执行力←→兼顾战略、战术、战斗、战技及心理/文化战，并用个人、个体、团队、组织及企业/社会当责。

☼　互信互赖性←→授权授责、知己知彼、诚信互动。

☼　权责分明←→有"责任图解"，用当责的纪律与工具。

☼　领导力←→当责不让。

"当责领导人"领导一小组人、一团队人、一个事业单位、一个庞大机构，会发挥当责的影响力，形成一小组、一团队、一个事业单位、一个庞大机构的当责文化，以当责为价值观之一。

企业领导人，如以当责为"核心价值观"也是"德不孤，必有邻"。在第 1 章中曾述及美国管理学会调查有 61%公司把当责列为企业"核心价值观"，在 20 项中高居第三。

企业建立了当责文化，就形成了企业在竞争上的"当责优势"（accountability advantage）。

"当责领导人"在未来大竞争中将具有"当责优势"

说"当责"是领导力大拼图中"最大一块"拼图的，是美国前德士古石油公司 CEO 毕哲。他不只身为当责典范，还在公司推动"全面当责管理"；他无法忍受平庸之才，严格要求部属承担当责。在第 1 章中曾已述及。

21 世纪初的现在，"当责"正快速进入各种形式领导系统的心脏区，当责领导人正通过当责的纪律、流程、架构以及工具，以领导自己、领导组织，并将进而提升企业与社会价值。

没有当责的跃动与驱动，很难看清楚人类亘古以来心内的价值与呐喊，以及未来企业与社会的发展脉动、趋势；没有当责的跃动与驱动，很难有真正有生命、有效果的领导。"当责领导人"知道何从何去，在未来大竞争中，将具有"当责优势"，这个"当责优势"将在各式各样激烈竞争或前端领导上，总是多拥有了 5%、10%或再多一点点的锐利与锐力（edge）。

实例:现代"当责领导人"的三个行动面

最后,我要引述在美国专为中小企业服务的 ALL Business 机构所强调的,一篇有关定义"领导人当责"的关键论文。他们在做完广泛资料收集与经验研讨后,提出了"当责领导人"的三个行动面及其执行细节。

一、承担责任

当责不让,奉献在组织的福利上。

- ☆ 承担责任,是当责领导人的第一大特质。
- ☆ 接受事实真相,不是选择性接受——纵使事实真相并非个人所望。
- ☆ 自拥周遭环境的因,与行为、行动的果;不计自己的愿望。
- ☆ 愿意为自己与组织的行动,承担个人责任。
- ☆ 为自己与部属的产出(outputs)负起当责。
- ☆ 为大众、非为个人,清晰表达愿景。
- ☆ 为活动、环境、已完成的结果,也为未来方向与本来成就承担责任。

二、公众共鉴

不论是否被明确期望;必要时,个人行为、言语与响应,皆可公诸于众。

- ☆ 自亚里士多德时代以降,当责即与公开(openness)及透明(transparency)紧紧相连。
- ☆ 常自问:"如果,我如此行,有关人士会有什么反应?"
- ☆ 公开与直率(condor)是当责的关键本质。

- ☼ 诚实、直率、公开是团队与组织在公开"对谈"时的有力工具。
- ☼ 言行如一：如果客户服务是重要的，就找出时间与客户相处吧。
- ☼ 避免让自己的生活被分割为不同的行为模式或价值观。
- ☼ 彰显自己在内在价值观/信仰与外在行为上一以贯之的特质。

三、说明理由

可以针对有关人员的要求，说明自己信仰、决策、承诺及行动。事实上，这点也正是韦氏字典中，对"当责"的精义。

- ☼ 对过去事件提供详细说明。
- ☼ 对所说、所做提出原由所据。
- ☼ 告诉有关人员行动与决策的过程。
- ☼ 说明行动为何有成果？为何无成果？
- ☼ 可以简单回答：Yes 或 No。不会回旋、没有遁词、没有"但是"。
- ☼ 坦承决策的好与坏，也愿清楚解释由来。
- ☼ 坦承错误，并为错误所造成的冲击致歉。

看来，当个"当责领导人"，仍需许多努力与坚持。当责的本质与纪律，与当今一些工商实务是仍有些距离，仍有些疑虑；但，本质就是本质，纪律就是纪律；还记得《圣经》箴言中的勉励吗——"愚昧的人，藐视智慧与纪律。"

由个人成功、团队成功、组织经营成功乃至社会贡献的角度来看，我们需要越来越多的"当责领导人"。这个趋势之后有压力，压力不只来自内在的驱策，也来自外界越来越多、越来越大，也越来越急的驱策。

让我们有志一同，当责不让，后发先至。

当责不让，交出成果；做个现代与未来领导人。

参考文献与延伸阅读

1. John Marchica, *The Accountable Organization*, Davies-Black Publishing, 2004

2. John G. Miller, *Personal Accountability*, Denver Press, 1998

3. Mark Samuel, *The Accountability Revolution*, Facts on Demand Press, 2001

4. Bruce Klatt, Shaun Murphy, David Irvine, *Accountability*, Kogan Page, 1997

5. Marc J. Epstein, Bell Birchard, *Counting What Counts*, Perseus Books, 2000

6. Brain Cole Miller, Keeping Employees Accountable for Results, AMACOM, 2006

7. Jeffrey Hollender & Stephen Ferichell, *What Matters Most*, Random House, 2004

8. Gerald A. Kraines, M.D., *Accountability Leadership*, Career Press, 2001

9. John G. Miller, *QBQ*! Denver Press, 2001

10. Patrick Lencioni, *Silos, Politics and Turf Wars*, Jossey-Bass, 2006

11. Patrick Lencioni, *The Five Dysfunctions of a Team*, Jossey-Bass, 2002

12. Mark Samuel & Sophie Chiche, *The Power of Personal Accountability*, Xephor Press, 2004

13. Jon R. Katzenbach, Douglas K. Smith, *The Wisdom of Teams*, Harvard Business School Press, 1993

14. Roger Connors, Tom Smith, and Craig Hickman, *The OZ Princle Portfolio*, 2004

15. David Allen, *Getting Things Done*, Penguin Books, 2001

16. Debbe Kennedy, *Accountability*, Berrett-Koehler, 2000

17. Bruce Klatt, Shaun Murphy & David Irvine, *Accountability: Getting a Grip on Results*, Bow River Publishing, 2003

18. Dennis T. Jaffe, Cynthia D. Scott, Glenn R. Tobe, *Rekindling Commitment*, Jossey-Bass, 1994

19. Roger Connors, Tom Smith, *Journey to the Emerald city*, Prentice Hall Press, 1999

20. James M. Bleech, Dr. David G. Mutchler, *Let's Get Results,Not Excuses!* Lifetime Books, 1996

21. Herb Baum, *The Transparent Leader*, Harper Business, 2004

22. Rob Lebow, Randy Spitzer, *Accountability*, Berrett-Koehler Publishers, 2002

23. John Hoover & Roger P. DiSilvestro, *The Art of Constructive Confrontation*, John Wiley, 2005

24. Thomas H. Davenport, *Thinking for a Living*, Harvard Business School Press, 2005

25. G. W. Dauphinais, G. Means, and C. Price, *Wisdom of the CEO*, Wiley, 2000

26. Jack Welch, *Winning*, Harper Business, 2005

27. Louis V. Gerstner,Jr., *Who Says Elephants Can't Dance?* Harper Business, 2002

28. L. Bossidy & R. Charan, *Execution*, Crown Business, 2002

29. Jim Collins, *Good to Great*, Harper Business, 2001

30. Robert Simons, *Levers of Organization Design*, Harvard Business School Press, 2005

31. Robert J. Herbold, *The Fiefdom Syndrome*, Currency, 2004

32. P. Koestenbaum & P. Block, *Freedom and Accountability at Work*, JOSSEY-BASS/PFEIFFER, 2001

33. S. R. Lloyd, *Accountability*, CRISP, 2002

34. Ginty Burns, *A is for Accountability*, Trafford, 2005

35. J. M. Kouzes, B.Z. Posner, *The Leadership Challenge*, Jossey-Bass, 1987

36. Stephen R. Covey, *The 7 Habits of Highly Effective People*, Free Press, 2004

37. Dan Steinback, The Nokia Revolution: The Story of an Extraordinary Company That Transformed an Industry, AMA, 2001

38. Mark Lipton, *Guiding Growth*, HBS Press, 2003

39. Joan Magretta, *What Management Is*, Free Press, 2002

40. J. R. Katzenbach & D. K. Smith, *The Discipline of Teams*, Wiley, 2001

41. Glenn M. Parker, *Cross-Functional Teams*, Jossey-Bass, 2003

42. J. Lipnack & J. Stamps, *Virtual Yeams, 2nd ed.*, Wiley, 2000

43. D. A. Nadler, J. L. Spencer, *Executive Teams*, Jossey-Bass, 1998

44. A. Hartman, *Ruthless Execution*, Prentice Hall, 2004

45. W. Chan Kim, Renee Mauborgue, *Blue Ocean Strategy*, HBS press, 2005

46. Stephen R. Covey, *The 8th Habit*, Free Press, 2004

47. R. Charam, S. Drotter, J. Noel, *The Leadership Pipeline*, Jossey-Bass, 2001

48. R. S. Kaplan, D.P. Norton, *Strategy Maps*, HBS Press, 2004

49. R. S. Kaplan, D.P. Norton, *The Balanced Scorecard*, HBS Press, 1996

50. R. S. Tedlow, Andy Grove: the life and times of an American, Portfolio, 2006

51. David Magee, Turnaround: How Carlos Ghosn Rescued Nissan, Harper Business, 2003

52. Barcus & Wilkinson, *Handbook of Management Consulting Services*, 2nd ed., McGraw-Hill, 1995

53. Robert Slater, Microsoft REBOOTED, Portfolio, 2004

54. 李宜勤译. 台湾：还在找代罪羔羊？中国生产力中心，2003

55. 苏元良. 嗥嗥苍狼. 台湾：财讯出版社，2005

56. 黄荣华，梁立邦著. 人本教练模式. 台湾：经济新潮社，2005

57. 江丽美译. 勇于负责. 台湾：经济新潮社，2001

58. 陈正芬译. QBQ!问题背后的问题. 台湾：远流出版公司，2004

59. 吴鸿译. QBQ!的5项修炼. 台湾：远流出版公司，2006

60. 陈琇玲译. 责任感病毒. 台湾：早安财经文化，2004

61. 王文华著. 史丹佛的银色子弹. 台湾：时报出版社，2005

62. 吴信如译. 个体的崛起. 台湾：时报出版社，2003

63. T. A. 柯钱汤玛斯，R. L. 史马兰奇理察. 未来管理：MIT 史隆管理学院精要. 台湾：天下出版社，2003

64. 约翰·阿戴尔著. 施昱如译. 领导力. 台湾：良品文化馆，2005

65. 香港中文大学校外进修部主编. 管理与承担. 台湾：台湾商务印书馆，1991

66. 上原橿夫著. 朱广兴译. 愿景经营. 洪建全基金会，1996

后　记

恭喜你，终于看完本书，走过了一段有关权责纠缠与成败相生的探索之旅。

☼　几许震撼、几许心底的冲激——但是，希望不要太快平息。

☼　有些同意、有些不太能认同——那么，赶快去检验、去行动！

☼　部分可行、部分仍有些风险——请问，有哪些事业不冒险？

希望你，继续你自己另一段的探索与行动之旅。

中国古代有人曾说，看书、思考最佳有三上：马上、厕上、枕上，这本书适合这三上。

马上。想想徐马入林，手中一卷书的悠闲；或书读完、策马奔驰后的灵光乍现。想想长程驿马车上的一段独立时光，驿站小憩时的一阵创意盎然。那么，金戈铁马、兵马倥偬的"马"呢？也有可能，君不闻美国"沙漠盾"行动中，总司令柯滋瓦洛夫将军不也在伊拉克沙场上分送将领每人一本《孙子兵法》吗？当然，古时的马，今日已化成各式交通工具；本书适合在现代的汽车、飞机、火车、游艇、游轮上翻阅或细读。

厕上。有点味道；有人用鼻烟壶，有人还是努力阅读，环境肯定可以刺激思考。有位老兄说，有次如厕捧读，原本排解不通的，一下全通了；想想看，体内脑内全通、身心灵畅通，欢愉难以形容；古、今、中、外多少人都有此经验！也难怪管理大师汤姆·彼得斯建议在厕所摆一本他的书。本书也适合摆上一本。

枕上。 旧金山湾区的江瑞鹏顾问说，希望这本书能成为企业人的"睡帽"（英文为"nightcap"，在欧美旧时，是睡觉时戴的软帽；但今日已指"临睡一杯"，紧张忙碌的一天终于过去了）。想想：背倚香枕，临手一杯，浅斟细酌，温暖入口，通体舒泰，心旷神怡；再看本好书，脑中、心中、思路上也流通些激素。在枕上，天大的事也暂搁下，从书中得些创见、创意吧，天明后又是好汉一条。这本书也适合这个目的。

所以，这本书宜一人买多本，分置各处；因不同场合，风味将有不同，不宜混用。

现代人看书思考，容或有所不同，我倒认为也有三上：读书会上、研讨会上与企业战场上。

读书会上： 独乐不如众乐，独读不如众读。读书会中，会员无私分享、无边讨论，足以激发许多灵光与创见。各想所以，各取所需。有些人，官做大了，不喜欢被"教"；故，在此众生平等中，各自抒发，或潜移默化，或站立别人肩膀再次眺望。最后，收与不收，用或不用，尽在我心，很有成就感的。

研讨会上： 是正式讨论；通常都有专题或特案的，有目标要达成的。有专家或顾问在场，有时更有"辅导师"（facilitator）一旁协助讨论。研讨会花钱、花力、花公家时间，要有正式结果。所以，别忘了第 11 章中的建议：会议结束前 20 分钟要问，"那么下一步是什么？"（"So, What's the next action？"）

企业战场上。 企业人常说：练兵最好的地方，就是战场。所以，具备了基本逻辑、基本概念、基本技术后，就上战场吧！战后，会有许多额外收获的。反正，战前集训时，人人恍恍惚惚；大战时，脸青鼻肿、心力交瘁；战后训练才能事半功倍，甚至以一挡百。本书可当战前、战中、战后的教战守则。

闲话少说，书归正传。

第一次有意识地遇见"当责"（什么是当责呀？）是在 1990 年代初期的杜邦公司工作上。当时，身处一个美国与亚太区国家合组成的跨国团队中，团队目标是推广各种管理工具，以协助各事业部提升营运品质。"当责"与 RACI/ARCI 即是当时一项重要工具。自是而后，戮力探讨当责的原理与应用，从未中断，倏忽又已 10 余年。

感谢杜邦公司的启迪与当时许多同事的切磋、争执、应用与分享。

第一次把当责的原理与应用经验写成书稿，是在 2003 年夏季。当时，带着唯一的手稿，参加在北卡罗莱纳州创意领导中心（Center for Creative Leadership）有关"领导教练"的研讨会。不意，不明原因失落。当时曾惊动全中心，做了地毯式搜索，再加上随后 30 余通长途与国际电话追踪，最后仍是杳如渺渺。痛苦不堪，也封笔近两年。

本书初稿完成是在 2006 年 3 月的旧金山东湾区。完稿后，承蒙湾区顾问江瑞鹏与翁志道博士多次商讨，不乏针砭。多谢他们两位精辟与精准的评论与意见，所见亦散见本书中。初稿二读开始于 2006 年 4 月中旬；时，湾区仍是每天下着雨，说是破了 100 年来记录了；又过了旧金山 100 年大地震的纪念日，二读始完成，架构更清晰、行文更流畅、用词遣字，书稿更具可读性了。

2007 年 6 月，本书全稿在台北蒙保德信金融集团资深副总林宏义先生、美国安华高科技全球副总裁詹文寅先生、EMBA 杂志总编辑方素惠小姐、升阳国际半导体董事长杨敏聪博士、京元电子梁明成总经理、宏达科技执行长林渝寰博士等详批细阅。最后，又蒙台湾中央大学企研所所长林明杰博士多次共长达数小时的批判严考，差点难以全身而退。中间也有出版商的意见，很感激中国生产力中心总编辑吴美娥对我的放纵，从出版日期、方式、编排、内容到整体设计等都很纵容；或者是，我们看法正好都相同，感谢她。也感谢有两家大出

版商，因出版时间谈不拢而作罢，但两位总编辑都表示，虽无缘出版，仍希望"当责"的观念能因此而盛行台湾，乃至华人世界；"太重要了！"他们说。

还要感谢在最近5年顾问生涯中，共同经验的科学园区、研究院、工业区、大学里的许多朋友们；有了这许多热情、批评、建议与鼓励，本书才得以初步成稿。

2007年8月，我又回到旧金山东湾区，重看初稿时，漏洞层出，惊出一身冷汗——这种书也敢出版！真感动当初看完初稿，就真诚鼓励甚至下断言：书必受欢迎的朋友们；当然，更有几百本已经预下的订单！于是，每日清晨五时即起，五改原稿。在北美乌鸦的晨操中，挥指急打计算机，希望把道理与故事说得更清楚。

旧金山东湾的清晨鸦叫，真值得怀念。华人说，乌鸦有乌鸦嘴，是不吉利的。但，圣经《创世记》第8章上说，40天倾盆大雨停后，又百余天，水退了；诺亚方舟上，放出来报佳音的第一只飞鸟就是乌鸦。这些乌鸦们是报佳音的，大地将重新滋养生育、恢复生机！

2007年9月18日，终稿完成。

衷心盼望各位读者的分享、指教与批评。

张文隆

2007.12